# 騎手の一分
## 競馬界の真実

藤田伸二



講談社現代新書

2210

# 目　次

# 序章　さらば競馬界

## 「競馬界」終わりの始まり

プロの世界で長く生きてきたのだから、いつ、どこで、どういう形で引退しようかという〝引き際〟は、この2～3年、常に頭の片隅にあった。

万が一の大ケガを想定することもあった。たとえば、落馬事故で鎖骨を折ってしまい、復帰までに2～3週間かかるとなれば、今後の番組（出走予定）を考えて、「自分のお手馬がこの週には使いそうだな。でも復帰した時、本当に自分の手元に返ってくるのかな」とかね。

常にそういう不安と必死で戦ってきた部分は大きい。リスクマネジメントはプロとして当然だし、体ひとつで挑んでいる勝負の世界。いくら俺が主戦ジョッキーだといっても、その馬にまた乗れるという保証はまったくない。そんなシビアな業界なので、騎乗イメージを膨らませ、自己管理を怠らないなど、常にお手馬とより良い競馬ができるよう努めてきた。

ところが、今の競馬界は、もうそれどころではないような状況に陥っているんだ。

２０１３年に入って、「カラスの鳴かない日はあってもアンカツが勝たない日はない」

とさえいわれた安藤さん（安藤勝己元騎手(1)）と、石橋さん（石橋守調教師(2)）という二人の偉大な騎手が、相次いで引退を発表した。

地方と中央（ＪＲＡ）あわせて通算４４６４勝、このうちＪＲＡのＧⅠ22勝を挙げていた安藤さんに関していうと、去年の暮れぐらいから騎手仲間には「腰痛だから、しばらく乗らない」って話していた。ただ、なんとなくそれだけじゃないというか、「近々、引退するんじゃないか」って俺なんかはうすうす感じていた。

毎年1月、騎手免許の更新が行われる。その際、ＪＲＡの職員と面接しなければならないんだけど、その日時っていうのが俺たち騎手にはあらかじめアイウエオ順で伝えられる。当然、安藤さんの名前は一番上の方にあるはずなのに、一番下だった。それで「もう

（1）地方競馬の笠松競馬場で３０００勝以上を挙げるほど、絶対的存在だったジョッキー。アンカツの愛称でファンからも親しまれていた。１９７６年にわずか16歳でデビュー。笠松時代の代表的な騎乗馬が、ＪＲＡ移籍前のオグリキャップ。ＪＲＡ遠征時に大活躍し、ファンやマスコミの強い後押しで、中央競馬入りする際に必要な学科試験を免除される、いわゆる「アンカツルール」が適用され（現在このルールは廃止）、２００３年にＪＲＡに移籍。以後数々の大レースを制して不動の人気を得た。主な騎乗馬にビリーヴ、ザッツザプレンティ、アドマイヤドン、ツルマルボーイ、キングカメハメハ、ダイワメジャー、ダイワスカーレット、ブエナビスタ、ダノンシャンティ、マルセリーナなど。地方からＪＲＡに移籍・大成功した先駆者

（2）かつて藤田が所属していた境直行厩舎の兄弟子。現在でも仲がいい。真面目な人柄で人望があり、武豊騎手が敬愛していることでも知られている。主な騎乗馬はミスタースペイン、ライブリマウント、マチカネワラウカド、メイショウサムソンなど

安藤さんは免許を更新する気がないんだ」って確信した。

　引退式が行われた２０１３年２月３日、安藤さんはすでに引退届を出していたので、その日は京都競馬場のジョッキールームに入れず、競馬場の上の階にご家族と一緒の席を取ってもらっていた。俺は用があって引退式の前に帰らなければならなかったので、調教助手をしているお兄さんのアンミツさん（安藤光彰元騎手(3)）をジョッキールームで見かけた時、「ご苦労様でした、とよろしく伝えて下さい」と伝言を頼んで帰った。

　安藤さんの中では、ずいぶん前から「１月いっぱいで引退する」という心の整理がついていたんだろうと思う。俺としては、１日１頭でいいから、もうしばらく乗っている姿を見たかったけど、安藤さんらしい、ほんとうに潔くて見事な引退だった。

　石橋さんは俺の兄弟子だから、引退式のとき、騎手会長のユタカさん（武豊騎手(4)）と弟弟子の俺が二人で花を贈った。その時は少し目が潤んでいたよ。ただ、もう少し早く、たとえばメイショウサムソン(5)の引退後、それほど経たないうちに調教師試験を受けて合格してくれていれば、俺も騎手として石橋厩舎に貢献できたかなあ、と思う。石橋さんが開業した時、まだ現役でいるかどうかわからないからね。

身近な存在だったこの二人以外にも、これまで競馬界を支えてきたジョッキーたちが、実は2012年だけで23人もターフを去っている。これは過去15年でもっとも多い人数だという。1982年には252人いた騎手が、いまや約130人と半分近くにまで激減しているんだ。この減り方は異常だと思わない？

厳しい試験をくぐり抜けて、ようやく憧れの騎手になったはずなのに、なぜ、次から次へとこうもみんな、騎手を辞めてしまうのか。

実のところ、安藤さんのように、必ずしも体力的な問題だけを理由に辞めているわけじゃない。

引退後は調教助手になる騎手が多いんだけど、経費削減を迫られている競馬界には、年

（3）安藤勝己元騎手の兄。地方競馬の笠松競馬場を主戦場に2818勝を挙げ、2007年からＪＲＡに移籍。12年に引退し、現在は調教助手。主な騎乗馬はハカタビッグワン、シーイズトウショウ、タイムパラドックスなど

（4）1987年デビュー。言わずと知れた競馬界のスーパースター。主な騎乗馬にスーパークリーク、オグリキャップ、メジロマックイーン、ベガ、シーキングザパール、サイレンススズカ、スペシャルウィーク、アドマイヤベガ、ステイゴールド、クロフネ、タニノギムレット、ディープインパクト、カネヒキリ、アドマイヤムーン、ヴァーミリアン、ウオッカ、スマートファルコンなど。藤田とは若い頃から仲が良く、独身時代は石橋守騎手と3人でいつも一緒にいたという

（5）2006～07年に石橋守騎手とのコンビでダービーなどＧⅠを3勝し、武豊騎手の騎乗で天皇賞・秋を制した名馬

内（2012年）に騎手を辞めて調教助手になれば、従来の給料体系が維持されるというルールがあった。なので、駆け込みで引退した騎手も多かったと思うけど、俺はそれに加えて、職業としての騎手の魅力が失われかけてきていることも、大きな理由だと考えている。だからこそ、自分自身のためだけではなく、後輩のためにもこれだけは言っておきたいんだ。「競馬界を今のうちにどうにかしておかないと、取り返しのつかないことになるよ」って。

俺は騎手としてすべてやり遂げたからもう辞める、とまでは言わないけど、「もうやることがない」という気持ちはある。「やりたいことがない」というのもある。もちろん、与えられた仕事はプロとしてこなすけど、「今、勝ちたいレースは何か」と訊かれても、もう特にない。ドリームレースと言われる宝塚記念も有馬記念も勝ったし、ホースマンの夢でもあるダービーも勝った。デビュー以来、一番勝ちたかった春の天皇賞も取った。だから、ある程度、ジョッキーとしての思いを遂げることはできたという自負はある。

問題は、これからの競馬がどうなるのだろうという危惧だ。

## 腕の立つ騎手が少なくなった

日本の競馬から少し離れて、ドバイ、香港、シンガポールとか、「海外で1年でもいいから乗ってみないか」という誘いもあるけど、これもまた自己管理やリスクマネジメントの部分で、不安がないわけではない。いや、ケガを恐れているわけじゃないけど、日本と海外の騎手のレベルの違いというか、海外にはけっこう危ないヤツが多い。つまり、海外ではラフプレーをする騎手が多いので、その辺のリスクを負ってまで、「海外でやってやる」という気持ちが湧かないんだ。

ムンロ（アラン・ムンロ騎手）(6)とは一緒に乗ったことがあるし、彼は達者な超一流のジョッキーだけど、いくら彼のようなベテランジョッキーが強い馬に乗っていても、周りにはヘタな騎手が多くて、「思い通りに乗れないのがイヤだ」ってボヤいている。これは、馬に乗るのが怖いんじゃない。騎手に怖がりはいないし、ケガも覚悟のうえで、毎週毎週、勝負を挑んでいる。

(6) イギリス出身。香港、シンガポールなどのほか、日本でも騎乗する機会が多く、最近は短期免許を使って地方競馬の南関東で活躍することが多いでも正直なところ、騎手として腕の立つ仲間が少なくなってきていることが、怖いんだ。その傾向は海外のほうが強くて、だから腕のある外国人ジョッキーたちは、今、戦いの場を日本に求めて来ている。もっとも、そうして日本に来る外国人ジョッキーが増えていることも、俺が日本の競馬を危惧する理由のひとつなんだけどね。

いずれにしても、日本の競馬は世界で一番完成されているし、海外の稼ぎたいジョッキーがこぞって日本に来ているわけだから、なにも今さら俺が海外へ出向く必要なんて、ないともいえる。

## 調教師にも馬主にもならない

引退後は調教師になるという選択肢も以前は考えたし、今も周りからはよく訊かれる。

１０００勝で一次試験がパスされるという制度[7]があったころ、俺は「１０００勝した時点でさっさと引退して調教師になりたい」って思っていた。まずは、これまでさんざんお世話になってきた馬主さんたちの馬で揃える。そして、騎乗馬に恵まれずなかなか勝てないけど、技術的にも上手い若い騎手、たとえばヒデ（武英智元騎手[8]）のようなヤツを乗せて育てたい、という夢を持っていた。だから「早く１０００勝したい」と思っていたけど、1000勝する直前、その制度は廃止されてしまった。それは、田原さん（田原成貴元調教師＝後述）が起こした不祥事(9)のせいなんだけどね。

だから100勝、200勝、300勝……といった区切りのレースの勝ち馬は全部覚えているけど、1000勝を超えてからはもうあまり覚えていない。それは、制度廃止で一気にモチベーションが下がったからなんだ。

俺は勉強ができないから、大卒の人間と一緒に調教師の試験を受けても合格するとは思えない。周りは「ダービージョッキーなんだから勉強すれば受かるよ」と言ってくれるけど、ヘンな同情で受かるのはイヤだし、そこまでする闘志が湧かなかった。

「馬主になって、騎乗馬に恵まれていない若い騎手を乗せようという気はないのか」という考えもあるだろうけど、実際、俺一人で今の競馬界をどうにかしようと思っても、焼け

（7） 通算1000勝を達成した騎手は、調教師免許の一次試験（学科試験）を免除するという特典のこと。この制度は2002年をもって廃止された
（8） 武豊、武幸四郎騎手は又従兄弟の関係。2012年9月、騎手を引退して栗東・木原厩舎の調教助手となり、第47回・共同通信杯においてメイケイペガスターを勝利へと導いた
（9） 1998年に騎手を引退し調教師として開業したが、2001年に銃刀法違反、覚せい剤取締法違反で逮捕され、調教師免許も剥奪された。以後再犯があったため、現在も競馬への関与無期限停止処分となっている

石に水のようなもの。競馬界全体の意識が変わらないと。

だからこれから、俺は声を大にしてそれを訴えていきたい。

今、競馬界で絶大な力を持っているのは、一部の大手クラブや一部の有力馬主なんだけど、もちろん、俺は彼らが悪いと言っているわけじゃない。悪いのは、今のシステムを作ったＪＲＡだ。馬主さんに意識を変えてもらうためにも、ＪＲＡのシステムを改善する必要がある。新しいシステムに作り変える方法は、いくらでもあるはずだ。たとえば、同一レースには同馬主の出走馬の頭数を制限するとか、また欧米のように同一馬主の馬がワンツーゴールしても、併せて1着にして、3着が繰り上がって2着になるとか。外国人騎手の登録制限も考えるべきだろう。

海外では当たり前のことを実現するだけでも、低迷が続くこの競馬界の閉塞状況を変えることができるんじゃないか。

## 感謝しているからこそ

こんな状況になっているのは、誰かがそういう考えをしているからそうなっているという気がする。ＪＲＡの理事長にも問題があると思う。だから、「誰も言わないなら、俺が言わないと」という思いは人一倍強い。言葉は悪いかもしれないが、俺が外部の人間なら言わないけど、内部にいていい成績も残させてもらった俺だからこそ、言っていいこともあるでしょう、ってこと。もし俺がちっぽけな成績しか残してないなら、そんなえらそうなことは言えない。でも、今なら言えるよって。だから、一人の騎手として「これだけは譲れない」ってことをまとめたのが、この『騎手の一分《いちぶん》』というわけ。

俺が1972年に生まれた当時、両親が北海道・新冠町にある牧場で牧夫として働いていたこともあり、競馬は幼い頃から身近な存在だった。その後、母親は静内町で小さなスナックを開いたんだけど、場所柄、お客さんは競馬関係者や牧場関係者が多く、昔からあまり体の大きくなかった俺は、「将来は騎手になれ」って言われながら育った。中学を卒業すると、まずは静内・大典牧場の住み込み牧夫として朝4時に起床し、馬の放牧や、寝藁上げ、草むしり、水くみ、牧草の積み上げ、馬の手入れ……といった日々を送り、関西（栗東）の清田先生《テキ》（清田十一元調教師[10]）の厩舎で電話番や馬乗りの練習などをして、計1

(10) 藤田が競馬界に入るきっかけを作ってくれた恩人。だが藤田の競馬学校卒業前の1990年2月に健康上の理由で調教師を勇退、3年後の93年死去。主な管理馬はライトカラーなど年間ほど過ごしたのち、競馬学校に入学した。

そして、今とは比べものにならないほど競馬がものすごいブームだった１９９１年、俺は小学生の時から「自然とそうなるものだと思っていた」騎手になることができて、96年には幸運にもダービーを勝たせてもらった。[11] ２０１２年もジャパンカップに11万人の観客が入って「すごい」ってことになっていたけど、俺がダービーを制した時は18万７０００人。いくら人気のあるアーティストがドーム球場とかでコンサートをしたって、せいぜい5万とか6万人でしょう？　その何倍もの数を集められるイベントは、今や競馬ぐらいじゃないかな。

大勢の観衆の前でウイニングランをした時、競馬場全体が揺れているのがわかった。それをターフの馬上から見ているのは俺一人だけ。ゴールした瞬間、頭が真っ白になった。記者とかファンの人から「ダービーの前にアガらなかったのか」とよく訊かれたけど、逆に不思議なくらい冷静だった。ただ勝ったあとは訳がわからなくなってしまった。田原さんに「ダービーだろ。回ってこい」と言われたので、普通なら1コーナーを過ぎたところから逆向きに走ってウイニングランをするんだけど、俺はそのまま一周してしまった。後にも先にも、コースをもう一周したのなんてたぶん俺だけだと思う。3コーナーあたりでふと我に返って、「馬に悪いことしたな」と思ったほど。

あんな素晴らしい体験をさせてもらった競馬に、俺はものすごく感謝している。

だからこそ今の競馬を憂えているし、黙ってはいられないんだ。

## 失われつつある「騎手の魅力」

その昔、関東（美浦）には「岡部ライン」と呼ばれるものがあって、岡部さん（岡部幸雄元騎手＝後述）が乗れない馬には柴田さん（柴田政人調教師＝後述）、ローカルなら増沢さん（増沢末夫元調教師[12]）、それから善臣さん（柴田善臣騎手[13]）、ノリちゃん（横山典弘

（11）1996年のダービーで、単勝7番人気だったフサイチコンコルドに騎乗し、マークしていたダンスインザダークを直線で差して勝利。24歳という史上2番目の若さで「ダービージョッキー」の栄誉を手にした

（12）騎手時代は2000勝を達成し、特にハイセイコーの主戦騎手として第1次競馬ブームの主役となった。ハイセイコーの引退時に歌った「さらばハイセイコー」は爆発的ヒットになり、それらもあって年配層には圧倒的知名度を持つ。また逃げ馬を得意としたためか、福島をはじめとした小回りのローカルコースで特に強かった。他の主な騎乗馬にアサデンコウ、イシノヒカル、ハワイアンイメージ、ダイナガリバーなど。1992年引退し、調教師に転身。主な管理馬にダイワテキサス、ストロングブラッド、ユキノサンロイヤルなど。2008年、定年により調教師を引退

（13）関東の重鎮とも言える存在。安定した成績でGⅠを8勝している。主な騎乗馬にホクトヘリオス、ヤマニンゼファー、オフサイドトラップ、サウスヴィグラス、オレハマッテルゼ、ナカヤマフェスタ、レインボーダリアなど

騎手＝後述）、という順番で、いい馬が回ってきていた。

その後、ノリちゃんがどんどん勝つようになると、善臣さんよりはノリちゃん、という感じで序列が変わっていった。こうした傾向はまだ続いていて、関東に所属する若い騎手には、今でもなかなかいい馬が回っていかない状況がある。

一方、関西（栗東）は、自分のところで騎手を育てる雰囲気が昔から強かった。たとえフリーのユタカさんが空いていても、自分の厩舎に所属しているジョッキーを乗せることが多く、だから若いうちは関西の方が「いい馬に乗れる」と言われていた。

つまり、関東はそうした「岡部ライン」に我慢しつつも、耐え抜いて技術を身につけた人間が徐々に序列を上げてもらえるというしくみ。これに対し、俺も所属している関西は最初に大きなチャンスが与えられて夢も見させてくれるけど、そのチャンスをモノにできないと落ちるのも早い、というしくみ。

かつて、関東と関西にはこういう違いが存在したが、いずれにしても、実力がモノをいう世界。だからこそ、その部分に騎手としてのやりがいや魅力を感じていた。

ところが、今はどっちも若い騎手を伸ばして育てようという思いというか、余裕がなくなってしまった気がする。

## 昔以上に強くなった「乗り替わりの不安」

騎手という仕事を一言で表せば、成績のいい人はいい人なりに、悪い人は悪い人なりに、「浮き沈みのある商売」。勝負の世界はどこも同じなんだろうけど、ただ、一番上から一番下に急に下がることはないし、逆に一番下に落ちたらそんなに急には上がれない。

俺は今、騎乗数が少ないけど、今の俺って周囲にはどんな風な騎手と思われているんだろう。ふと、そう考えるときがある。最近はどの騎手も、外国人騎手にいい馬を根こそぎ取られてしまっている感じがする。1990年代になって、田原さんは騎乗数を自ら抑えていたけど、トウカイテイオー(14)やマヤノトップガン(15)みたいな強い馬が回ってきていた。あの時代は今のようなエージェント制度もなかったし、そういう意味であの頃の田原さんは

(14) 1991年の年度代表馬。6連勝で皐月賞、ダービーを制して無敗の二冠馬となり、その後もジャパンカップを勝ち、さらに93年の有馬記念は3度目の骨折からの1年ぶりの休み明けというローテーションにもかかわらず、菊花賞馬ビワハヤヒデを差し切って完勝。その奇跡の復活は大きな感動を与えた。気品のあるルックスとドラマチックな競走生活で今も歴代屈指の人気を誇る。95年、顕彰馬に選出された

(15) 1995年の年度代表馬。田原騎手とのコンビで菊花賞、有馬記念、宝塚記念、天皇賞・春のGIを4勝。それぞれ先行、逃げ、追い込みなど違った戦法で勝利したこととその名前から、つけられたキャッチコピーは「変幻自在の撃墜王」

関係者からあてにされていた。

でも、今の俺はあてにされていない。あてにされなくなったら、勝負の世界ではどうしようもないじゃないか。


エージェント制度というのは、騎手と契約した競馬専門紙の記者などが、騎手に代わって厩舎回りをしながら、いつ（レース）、どの馬に誰（騎手）を乗せるか、決めるしくみのこと。詳しくは追い追い話すけど、この制度が導入されるまでは、騎手自らが「なんとか強い馬に乗せてもらいたい」と必死に厩舎回りをこなしていたし、いつ、どの馬に乗るか、自分でスケジュール管理をしていた。そうした努力が実って、馬主や調教師、厩務員、調教助手と良好な関係を築くことができたし、騎手も含めて、うまい具合に一つのチームを組むこともできた。仮に騎乗に失敗してしまったとしても、ありがたいことに「なんとかコイツを一人前の騎手に育てよう」という思いがあったので、若い騎手は思い切って乗ることができたし、それによってジョッキーは成長することができた。

ところが、エージェントの登場によって、騎手が馬主や調教師とかと直接コミュニケーションをとる機会が以前と比べて減ってしまった。その結果、たとえば騎手に直接乗り替わりを伝える必要がなくなったため、あまりにも安易な外国人騎手などへの乗り替わりが頻繁に行われるようになってしまった。

昔以上に強い「乗り替わりの不安」を抱えた若い騎手たちが、目先の結果ばかりを気にして、思い切った騎乗ができなくなったら、成長することもできないじゃないか。

## あさましい争いには加わらない

俺だってもう、今さら厩舎回りもしないし、エージェント制度も積極的に使わない。

だってそうでしょう?

エージェントに媚びて「乗せて下さい」って頭を下げて頼み込んで、そこまでしてなんとか乗せてもらって結果を出したとしても、次の騎乗機会では馬主の意向に基づいて、あっさりエージェントから外国人騎手に乗り替わりを伝えられたらイヤだからね。俺は1万回以上乗っているし、おかげさまで実績も残すことができた。いきなり騎乗技術が衰えるということはないし、自己管理も怠ってない。要するに、エージェントも交えての、将来ある馬や勝てる馬の奪い合い――俺はその、あさましいまでの争いに加わる気がなくなったということなんだ。

「今のリーディングジョッキーが人気馬に乗っても、今ひとつ馬券を買う気にはなれない。だけど、唯一名前で勝負できる男が藤田伸二なんだよ」

競馬好きの俺の友達はそう言ってくれた。

「辞める前にもう一度、デカいレースを勝って欲しい」

と言われたこともある。

その言葉はうれしいけど、もう二度とそういうことは起こらないかもしれない。

だって、しかるべきタイミングが来たら、俺は俺らしく、静かに鞭《ステッキ》を置くつもりだから。

# 第1章　騎手として大切なこと

## GIだけが競馬じゃない

よく訊かれることの一つに、「これまでで一番会心のレースは何ですか？」という質問がある。

もし会心のレース＝思い出深いレースという意味で訊いているとしたら、俺が「フサイチコンコルド[1]で勝った1996年のダービー」とか「シルクジャスティス[2]で制した97年の有馬記念」と答えるのを、期待する人が多いかもしれない。

でも、それらは俺にとって「会心のレース」ではないんだ。

たしかにダービーは、3歳の牡馬や牝馬だけに出走資格が与えられた「3歳馬の代表決定戦」として位置づけられている。「もっとも速い馬が勝つ」皐月賞、「もっとも強い馬が勝つ」菊花賞とともにクラシック三冠競走の一角をなす一方、年間約7000頭生まれるサラブレッドの頂点を目指して、日本中のすべてのホースマンが憧れる最高の舞台だからこそ、ダービーは「もっとも幸運な馬が勝つ」と言われているけど、それは真実だと思う。

フサイチコンコルドは何度も熱発があって、トライアルレースのプリンシパルステークスを回避せざるをえなくなったり、獲得賞金が少なくて出走できるかどうかも危ぶまれたりするなど、まさに不安材料だらけだった。ダービー当日の朝も体温が高く、だから自分の中では「勝つべくして勝ったダービー」じゃなくて、「勝っちゃったダービー」だった。その時、そのタイミングにおいて、すべてのことがうまく嚙み合って恵まれていたということ。本当に運がよかった。デビュー3戦目でダービーに出られること自体、今じゃ考えられないことだからね。

競馬界には「ダービーに始まり、ダービーに終わる」なんて言葉もあるぐらいの、ビッグレースに勝つことができたんだから、とても光栄だったのは事実。グランプリレースの有馬記念にしてもそう。GⅠを勝つ喜びは、どれも格別だ。

ただ、俺ら騎手は、そうしたGⅠだろうと未勝利戦だろうと、その1レースに懸ける思いというのは、まるで変わらない。朝の第1レースで会心の騎乗ができて満足することも

（1） わずか3戦目と浅いキャリアながら1996年のダービーを制したことから、「和製ラムタラ」と呼ばれた。その後、カシオペアステークス（2着）、菊花賞（3着）を経て、同年引退（5戦3勝）

（2） 1997年の京都4歳特別（GⅢ）、京都大賞典（GⅡ）、有馬記念（GⅠ）など5勝（27戦）。2000年に引退

あれば、メインレースでへたくそに乗ったけど勝つ時もある。反対に、見てくれはカッコよく見えるし、結果として1着にもなったけど、自分の中では納得できていないレースもある。つまり、俺にとっての会心のレースというのは、思い出深いレースではないんだ。

では、俺にとって思い出深いレースは何かというと、レース中に失敗をしたり、愛馬がパンク（予後不良や再起不能となる事故が起きること）したレースだったりする。

たとえば、1996年の朝日チャレンジカップで2着入線したものの、右前脚の浅屈腱断裂が判明したスターマン[3]。

もともと屈腱炎を患っていて、復帰3戦目だったこのレース中、多少ぎこちなさがあったけど、ゴール後、阪神競馬場の向こう正面のあたりで異常を感じ、結局引退を余儀なくされた。

ツルマルツヨシ[4]で挑んだ2000年の有馬記念も、思い出深いレースの一つ。

1999年の朝日チャレンジカップと京都大賞典を連勝したものの、翌年の有馬記念では、レース途中で失速。4コーナーを回ったところで下馬した。左前脚繋靭帯炎だった。

あらためていうまでもなく、競馬とは馬による競技だ。走るのは馬なんだし、騎手の手柄なんてちっぽけなものにすぎない、というのが、俺の考え方。だからこそ俺にとっては、GIを取ったレースよりも、こういうレースの方が思い出深いというわけ。

## **「競馬って簡単なんだ」**

そんな俺にとって、その後の競馬人生を大きく左右したレースがある。

デビューした年の1991年12月、ラジオたんぱ杯3歳ステークス（現在のラジオNIKKEI杯2歳ステークス）をノーザンコンダクトで勝利したレース。つまり、初めて重賞を勝った時のことだ。

主戦の岡さん（岡潤一郎騎手[5]）が前の週で騎乗停止になったため、乗り替わりで、伊藤先生《テキ》（伊藤修司元調教師[6]）からノーザンコンダクトの騎乗を依頼された。

この時、ノーザンコンダクトは単勝2倍の人気馬。「嘘やろ!?」と思いながら、1年目

（3）のちに三冠馬となるナリタブライアンの全盛期に唯一黒星をつけた、1994年の京都新聞杯が有名
（4）1999年、藤田とのコンビで朝日チャレンジカップ、京都大賞典を連勝し、有馬記念でも強豪相手に4着と健闘した
（5）1988年、JRA賞（最多勝利新人騎手）を受賞し、91年にはリンデンリリーでエリザベス女王杯を勝つなど、当時、将来を嘱望されていた藤田の3期上の先輩騎手（93年、レース中の落馬事故により24歳の若さで死去＝後述）
（6）2000年引退。主な管理馬にグランドマーチス、ハギノトップレディ、ハギノカムイオー、スーパークリークなど。06年死去

**【図表1】藤田伸二　おもな記録**

| | |
|---|---|
| 特別模範騎手賞<br>受賞回数 ※1 | 歴代1位＝2回（2004年、2010年）<br>（柴田政人1993年、河内洋1997年） |
| フェアプレー賞<br>受賞回数 ※2 | 歴代1位＝17回<br>（村本善之13回、河内洋12回、的場均12回） |
| 通算勝利数 | 歴代8位＝1829勝<br>（武豊3515勝、岡部幸雄2943勝、横山典弘2395勝、蛯名正義2140勝、河内洋2111勝、柴田善臣2072勝、増沢末夫2016勝） |
| GⅠ勝利数 | 歴代8位＝17勝<br>（武豊66勝、岡部幸雄31勝、安藤勝己22勝、横山典弘21勝、池添謙一19勝、岩田康誠19勝、蛯名正義18勝、河内洋17勝） |
| 重賞勝利数 | 歴代8位＝93勝<br>（武豊279勝、岡部幸雄165勝、横山典弘143勝、河内洋134勝、保田隆芳114勝、蛯名正義102勝、福永祐一97勝） |
| 年間100勝達成回数 | 歴代6位＝7回<br>（武豊20回、岡部幸雄13回、横山典弘11回、蛯名正義9回、柴田善臣8回） |
| 1開催最多騎乗 ※3 | 歴代1位＝91回（2007年） |
| 1開催最多勝 ※4 | 歴代1位＝21勝（2007年）<br>（武豊も2005・2006年に21勝） |
| 最多連続騎乗 | 歴代1位＝41レース（2005年） |
| 最多連勝<br>（連続施行レース） | 歴代2位＝5連勝（2004年）<br>（6連勝・横山典弘2005年、5連勝・岡潤一郎1989年、中舘英二2001年、武豊2002・2009年、内田博幸2009年） |
| 全競馬場重賞制覇 | 史上3人目（2004年）<br>（安田富男1996年、武豊1997年） |

2013年3月31日現在

※1　優秀騎手賞（勝利度数・勝率・賞金獲得の各部門で上位5人に与えられる賞）の受賞者のうち、制裁を一度も受けていない騎手が対象

※2　年間30勝以上で、制裁点数が10点以下だった騎手が対象

※3　1開催＝8日間

※4　8日間、同一場での勝利数

（出所）日本中央競馬会ホームページ、『中央競馬レコードブック2011』日本中央競馬会

で勢いもあったし、怖いもの知らずの時だったので、思わず伊藤先生に「どう乗ったらいいですか」と訊いた。今でも忘れないけど、その時の答えは、

「とにかく4コーナーまで我慢せえ。どんな位置にいてもいいから、直線に向くまで追うな。勝つから」

だった。で、無我夢中になってその通り乗ったら、2馬身ぶっちぎって勝つことができた。

デビュー1年目の俺は、それまで4回重賞に乗せてもらっていたけど、12着、11着、5着、11着と、なかなか勝てずにいた。(7)

でも、「競馬って強い馬に乗ったらこんなに簡単なんだ」って思えたのが、このレースだった。俺の場合、2011年で途絶えちゃったけど、デビューの年からずっと重賞を勝ち続けている騎手は、あとはユタカさん（武豊騎手）しかいない。

この時の勝利があったからこそ、これまで23年間現役でいられたと思うし、歴代8位の通算1829勝をはじめ、さまざまな記録を残すことができたと思っている（右ページ【図表1】参照）。

（7）　金鯱賞（GⅢ）が12頭立て11番人気の12着、阪神3歳牝馬ステークス（GⅠ）が15頭立て14番人気の11着、鳴尾記念（GⅡ）が11頭立て9番人気の5着、阪神牝馬特別（GⅢ）が15頭立て7番人気の11着だった

## どうしても勝ちたかった春の天皇賞

もちろん、「強い馬に乗れば競馬は簡単」だからといって、「絶対に勝てる」と断言できるほど、自信があるレースというのはなかなかない。

1997年、シルクジャスティスで勝った有馬記念[8]の時だって、実のところ自信はなかった。それまでダービー2着、菊花賞5着、ジャパンカップ5着と惜敗が続いていて、「これで負けたら降ろして下さい」と大久保先生（大久保正陽元調教師[9]）に言っていたぐらい、追い詰められていた。

2011年春の天皇賞を取ったヒルノダムール[10]の場合、オーナーや昆先生（昆貢調教師[11]）からは、「この馬は絶対に伸ちゃんでずっと行くから」と言ってもらっていたので、安心感があった。だからこそ、なんとしても期待に応えたかったし、この馬は絶対GIを勝てる馬だと思っていた。

ただし、それは「枠順次第」という条件付きでのこと。

春の天皇賞は3200メートルの長い距離で争われる。ずば抜けて強い馬なら、走る距離が短くて済む内枠だろうが、長くなってしまう外枠だろうが、気にならない。

極端な話、大外をずーっと回る横綱相撲をしたとして、それでも勝てるくらい馬が強ければ、枠なんてまったく関係ない。

でも、ヒルノダムールはそこまでの馬じゃなかった。

枠が決まる前、昆先生や厩務員には「内枠を引いたら勝てますよ」と話していた。それは、3200メートルのレースで自分の考えた乗り方をしようとしたら、内枠が絶対に必要だったから。たしかにレース当日、ヒルノダムールの調子はすごくよかった。でも、あの時のメンバー(12)を振り返ると、引っかかりやすい馬が多かったのも幸いした。2コーナーまで出たり入ったりが激しいレースになったけど、俺は内枠を引いたおかげでじっとインで我慢させることができたから、向こう正面の段階で早くも「勝ったな」って思った。

こんなに自分の思惑通りに進められたレースというのは、23年の現役生活を振り返っても、あまりない。

(8) 持ち味の爆発的な追い込みを生かし、マーベラスサンデー、エアグルーヴといった強豪を破って優勝した
(9) 主な管理馬にエリモジョージ、メジロパーマー、ナリタタイシン、ナリタブライアン、シルクジャスティスなど
(10) 2010年の皐月賞2着など勝ちきれないレースが続いたが、11年の天皇賞・春で遂に悲願のGI初制覇。同年秋にはフランスに遠征し、凱旋門賞の前哨戦・フォワ賞で2着となり、凱旋門賞にも出走した(10着)
(11) 主な管理馬はローレルゲレイロ、ディープスカイ、ヒルノダムール、ハタノヴァンクールなど
(12) レースの序盤から中盤にかけて、1番人気のトゥザグローリー、5番人気のナムラクレセントなどが入れ替わりで先頭に立つなど、激しいレース展開となった

このレースで、ヒルノダムールは前年（2010年）のダービー馬・エイシンフラッシュを負かしているんだけど、エイシンフラッシュはその後、2012年秋の天皇賞も制している。それほどの実力馬を、自分の騎乗で破ることができたんだから、自分の思惑通りに進められたという意味であえて「会心のレース」をあげるとしたら、この天皇賞かな。

それまでにダービーも有馬記念も勝っていたけど、若い時から一番勝ちたいって思っていたのが、実は天皇賞だった。勝つのはもちろん、連対すらなかった。カスリもしなかったっていうのもあるけど、やっぱり日本人として、一度は天皇盾が欲しかった。

しかも、天皇賞は年に春・秋の2回開催されるけど、俺はどうしても春の天皇賞に勝ちたかった。なぜかというと、2000メートルの距離で行われる秋と違って、春の3200メートルは馬の力と騎手の技術のすべてが問われるから。距離が短ければ、スローペースで逃げ切っちゃうとか、勢いで勝つこともあるからね。

## 騎手にとって一番大切なこと

どんなに成績のいい騎手でも、勝率はせいぜい1割5分から2割程度。10回乗っても8〜9回は勝てないのが「競馬」なんだけど、そうした競馬に対する考え方や馬の乗り方っていうのは、騎手によってさまざま。それこそ騎手が100人いれば100通りの考え方や乗り方があると思う。他の騎手や騎乗馬の安全を顧みないものもいれば、騎乗時の見た目のカッコよさにこだわっているものもいる。あんまり物事を深く考えず、単に強い馬に乗せてもらっているおかげで勝っているだけの騎手もいる。

今回、これまでの経験をもとにこの『騎手の一分』を出すにあたり、レースの時、騎手っていうのはいったい何を考え、どう判断し、どんな行動をしているのか、興味のある人もいるだろうから、まずは簡単に説明しておきたい。

いきなり専門用語を出すけど、「アブミ」って知ってるかな？　騎手が馬にまたがった時、足（爪先）を乗せる道具のことなんだけど、俺の場合、新馬戦とか初めての競馬場にビックリしたり物見したりする馬もいるから、突然の動きに備えて安定させるために、返し馬(13)の時はアブミを長くしている（下のほうまでおろしている）。

若い頃は、アブミを短くしたほうがカッコいいから返し馬のときからアブミを短くして

（13）　パドックから本馬場に入場した後、発走時刻まで馬が行うウォーミングアップのこと

いたけど、歳を取れば取るほど「別に返し馬でカッコつける必要はないな」と思うようになってきた。だって返し馬の時に馬から落とされたほうがカッコ悪いでしょ、って。だから今は返し馬では、どのレースでも基本的にアブミは長くしている。

そして、いよいよゲートイン間近の輪乗り（輪を描くように歩きながら待機すること）の時になって、アブミを短くする（パドックからおとなしい馬なら、パドックの時点で直すこともある）。

他の騎手も俺と同じようにしているかどうか知らないし、個人差もあると思うけど、俺は乗る馬によって、常にアブミの長さを変えている。たとえば右回りのコースで内にモタれやすい馬なら、外に重心をかけたいから左を少しだけ長くしている。反対に、南関東（4競馬場）[14]の左回りの小回りだったら、遠心力がかかるから内側になる左を少し長くするとか、ね。

また、輪乗りの時には、他のマークすべき馬の騎手がかぶっている帽子や勝負服の確認もしている。もちろん、レース前夜、穴が開くぐらい競馬新聞をチェックしているけど、誰がどの馬に乗っているのか、最後の確認をする。枠順や脚質から、2コーナーまでにこの馬の後ろにつけようとか、位置取りも考えている。事前にイメージするのが難しいケースもあるけどね。

そしていざレースが始まったら、騎手は何を心掛けているのか——。

俺の場合は、勝つための騎乗を大前提とした上で、とにかく「人の邪魔をしないこと」を第一に心掛けている。これは俺のモットーでもある。

そもそも馬っていうのは、真っ直ぐゲートを出る方が少ない。真っ直ぐ出ているように見えるかもしれないけど、あれは俺ら騎手が出しているから。たとえば、バンとゲートが開いた瞬間、ガクンと動く馬がいるので手綱を引っ張ったりして、他馬とぶつかるのを防ぐ。ゲートでつまずく（出遅れる）こともある。それが癖のような馬なら、もちろんそれに備えておく。

というのも、スタート直後に隣の馬にぶつかったりしたら、レースのあとＪＲＡから制裁(15)を食らうし、何よりも、自分のせいで人を落としてケガをさせてしまったらと思うと、人の邪魔なんて絶対にできないからだ。

(14) 地方競馬が開催されている、浦和、船橋、大井、川崎の各競馬場
(15) ゴールした馬について、「その走行妨害がなければ被害馬が加害馬に先着していた」と裁決委員が判断した場合、加害馬が被害馬の後ろに降着させられたり、極めて悪質で他の騎手や馬に対する危険な行為によって競走に重大な支障を生じさせたと裁決委員が判断した場合、加害馬が失格にさせられたりすること

もし、昨年のレース中、後藤（後藤浩輝騎手）(16)が落馬した事故(17)で、俺がそのきっかけを作った康誠《やすなり》（岩田康誠騎手＝後述）の立場だったら、しばらく馬には乗れないと思う。ひとたび事故を起こすと、まず馬券を買ってくれたファンに迷惑をかけるし、何人もの騎手を巻き込む大惨事になってしまう可能性だってある。相手の騎手がささいなケガで済めばまだしも、最悪の場合、死に至らしめてしまう。少なくとも、俺がもし落馬事故を起こしてしまったら、自粛もせずに乗りつづけるなんて、絶対にできない。騎手はみんな、熱心に応援してくれる多くのファンを抱えているし、家族だっている。そういう要素をいろいろと考えると、騎手にとってもっとも大切なのは「人の邪魔をしないこと」に尽きると思う。

かつて福永洋一さん(18)が落ちた時、加害馬に乗っていた騎手はわざとじゃなかったのに、それから何ヵ月も競馬に乗らなかった。さっき話した岡さんが1993年、レース中の落馬事故で亡くなった時も、加害馬の騎手は1ヵ月ぐらい乗らなかった。周りは別に「あなたが悪いんじゃない」と言っていたのにもかかわらず。でもその騎手にしてみれば、「ああしていれば事故は避けられたんじゃないか」とか考えるだろうし、罪悪感が生まれてくるのも当然だろう。

もっとも、今回の事故について、康誠にも自責の念はあった。俺が後藤のお見舞いに行った時、「岩田も見舞いに来た」って後藤から聞いた。康誠は、「あの日はこう進路を取って、ああ横にならんでいくイメージをして、そしてこう前に出ようとしたら、後藤さんの馬をひっかけてしまって……本当にすみません」と謝ったという。後藤は本当にいいヤツだから康誠をうらんではいないし、騎手という仕事上でのやむを得ないアクシデントとして理解している。今年（２０１３年）の3月11日に退院して自宅に戻った後藤だけど、これからまだまだ長いリハビリが続くことだろう。一日も早い復帰を願っている。

（16）１９９2年デビュー。陽気なキャラクターと積極的な騎乗でファンが多い。主な騎乗馬にゴールドティアラ、アドマイヤコジーン、ローエングリン、マイネルレコルト、アロンダイト、ショウワモダン、エリンコートなど

（17）シゲルスダチに騎乗した２０１2年5月6日のＮＨＫマイルカップで、岩田康誠騎手騎乗のマウントシャスタが斜行した不利により落馬、頸椎骨折の疑いがあり、頸髄不全損傷と診断された。４ヵ月後に復帰したが、初日の第3レースで馬場入場時に落馬し、再び第一、第二頸椎骨折、頭蓋骨亀裂骨折と診断され、現在も加療中

（18）向こう正面の残り１５００メートル地点から先頭に立たせて押し切ったニホンピロムーテーの菊花賞（１９７１年）、内ラチのわずかな隙間をあっという間に走り抜けて差し切ったハードバージの皐月賞（77年）など、大胆かつ常識破りの騎乗で今も多くのホースマンやファンから「史上最高の天才」と認められている昭和の伝説的名騎手。福永祐一騎手は長男。79年、毎日杯のレース中の落馬事故により脳挫傷の重傷を負い、再起不能となって引退。２００４年に騎手顕彰者として選出され、殿堂入りを果たした。他の主な騎乗馬にヤマニンウエーブ、エリモジョージ、トウショウボーイ、インターグロリア、オヤマテスコなど

## 自分一人の力で勝っているわけじゃない

こうした事故を防ぐという意味でも、レース中、ジョッキーは俺に限らず、よく会話というか、安全に関することは声を掛けあっている。前を走る若い騎手がフラフラしていると「危ないぞ、どけ！」とか。彼らにしてみれば「藤田さんに怒鳴られた」と畏縮することになるかもしれない。でも、これはあくまでもお互いの安全を重視してのこと。

2012年11月、メインレースの貴船ステークスで騎乗したズンダモチだって、4コーナーを回る時にもっと前に行けば2着はあった。勝ち負けだってあったかもしれない（結果は3着）。でも斜め前にいた川島（川島信二騎手[19]）が、コーナーを回っているのにバンバン外から鞭を入れている。あんなことされたら普通は馬が嫌がってヨレて（ふらついて）しまう。たまたま素直な馬だったから、そこまで危なくはなかったけど。

だからレース後に川島を呼んでこう言ったんだ。「お前なあ、コーナーで鞭をあんなに入れてどうする？」って。

パトロールフィルム[20]を見ながら、「お前は（行けると）自信があったのかもしれんが、後ろの人間はたまらんぞ。よっぽど名前を呼んで怒鳴ってやろうと思ったけど、下の名前が同じ（シンジ）だから言えんかったわ（笑）」と伝えると、一緒に見ていた裁決委員[21]も笑いながら「確かに言う通りだ」って。

これは騎手なら誰でもわかっているはずのことなんだけど、コーナーで遠心力がかかっている時に馬に鞭を入れたって、エンジンがかかることはない。そもそも馬は鞭を1発、2発入れられればわかるし、そんなに5発も6発も入れるなんて、「おかしいんじゃないか」と思ったよ。

俺はヤンチャなキャラで通っているけど、そういうところはキッチリしている。

だから俺は後輩には「ちゃんと乗れ」って厳しく言ってきた。ちゃんと乗ってない人が言っても説得力はないけど、俺が言えば誰も何も言い返せない。2012年に年間30勝以上した騎手の中で、制裁を1回も受けてないのは俺だけ。それが何年も積み重なった結果が、JRAの特別模範騎手賞（歴代最多2回）やフェアプレー賞（同17回）につながってきた（30ページ【図表1】参照）。

俺は「いつでも言える」と自信を持つためにも、「自分がちゃんとやらないと」ってず

(19) 2001年デビュー。主な騎乗馬にマイネルブラウ、オースミハルカ、タイセイブレーヴなど
(20) 進路妨害や競走妨害などの不正行為を判断するために撮影されたビデオ
(21) 着順の確定や走行妨害の申し立てを裁決するJRAの職員

っと思ってきた。

ところが今は、成績がいい人（【図表2】参照）が腕もないのに若手を威圧している。康誠とか祐一（福永祐一騎手[22]）は、しょっちゅう制裁を食らっているけれど、それでいてジョッキールームでは若手に対して「危ないじゃないか」と怒っている。俺が近くを通ると、怒るのをやめるけどね。ユウガ（川田将雅騎手＝後述）が若い騎手に怒っていた時も、俺は「えらそうに言うな、お前だって同じことをやってるだろ」って言ったよ。

**【図表2】2012年 騎手成績一覧**

| | 騎手名 | 1着回数 | 賞金 |
|---|---|---|---|
| 1位 | 浜中俊 | 131 | 21億6111万円 |
| 2位 | 蛯名正義 | 123 | 22億8920万円 |
| 3位 | 岩田康誠 | 119 | 30億8842万円 |
| 4位 | 内田博幸 | 116 | 26億5823万円 |
| 5位 | 福永祐一 | 115 | 23億6285万円 |
| 6位 | 横山典弘 | 112 | 19億9457万円 |
| 7位 | 川田将雅 | 91 | 16億2685万円 |
| 8位 | 北村宏司 | 88 | 15億3646万円 |
| 9位 | 和田竜二 | 80 | 14億4305万円 |
| 10位 | 三浦皇成 | 77 | 13億4477万円 |
| 19位 | 武豊 | 56 | 12億6621万円 |
| 37位 | 藤田伸二 | 31 | 8億0016万円 |

（出所） 日本中央競馬会ホームページ

本当に強い馬なら、隙間がうまれた瞬間、そこに入っていくだけの脚があるわけだし、前が開かなかったら開かなかったで、それは「運が悪かった」とあきらめなければならない部分もあると思う。そうしたことも含めて「競馬」なんだし。

ただ、そのポジションで競馬をしたことを「自分の判断ミス」として受け止め、同じミスをしないよう次回の騎乗に生かす必要はある。そういう自覚を持って、日々考えながら競馬をしていかないと、いつまで経っても自分の技術レベルは上がらないと思う。

それなのに、今は小手先だけで何とかしようと無理矢理馬群をこじあけたり、周りの状況をしっかり見ることもなく、急に進路を変えたりする騎手が多くなってきている。要するに、普段自分はそんなふうに人の邪魔をしておきながら、いい成績を挙げていることを笠に着て、成績のよくない若手に文句を言っているわけだ。いい馬に乗せてもらっているおかげで勝っているだけで、決して自分一人の力で勝っているわけじゃないのに、そういうことをわかっていない連中が増えた気がする。

かつては怒られるにしても、筋が通っていた。「注意されてもしょうがないな」と思えるような腕の持ち主ばかりで、腕がない人は俺たち後輩には決して怒らなかった。

(22) 1996年デビュー。特に牝馬限定戦やマイルのGIに強く、多くの勝利を挙げている。主な騎乗馬にキングヘイロー、プリモディーネ、エイシンプレストン、サニングデール、メイショウボーラー、ラインクラフト、シーザリオ、フサイチパンドラ、ストロングリターンなど今成績のいい連中からしたら、俺は煙たい存在かもしれない。でも、以前は、そういう（小うるさい!?）先輩に「追いつき追い越せ」と必死に腕を磨いてきたけど、そんな雰囲気さえもなくなってしまった。

今の競馬界がおかしくなった理由としては、「目先の成績重視」もあると思う。こんな風潮が続いたら、とんでもない大惨事がいつ起きてしまっても不思議じゃない。

そういう意味でも、長い目で若手を育てようという考えを持っている人が競馬界で少なくなってしまったことは、本当に残念でならない。

## あうんの呼吸

かつては、騎手同士の人間関係がレース展開に良い影響を及ぼすこともあった。

たとえば俺とユタカさんだったら、無駄にハナ（先頭）を競り合ったりはしない。これは別に馴れ合いというわけじゃなくて、お互いの馬がそれで無駄な力を使いすぎたりしないため、両方とも自分の馬が勝つために、円滑なレース展開を意識しているんだ。いわば気持ちのいい「あうんの呼吸」みたいなもの。自分の馬が引っかかって（折り合いがつかず、前へ前へと馬が行きたがること）ユタカさんの馬を突っついたりしたら、「ユタカさんゴメン！」って言って、できるだけ馬を離すようにする。それは相手の馬への配慮であり、お互いの安全のためでもある。

でもね、逆に言うと、お互いに無理せずせめぎ合いをしているレースの最中に、前にいるのがユタカさんやノリちゃん（横山典弘騎手＝後述）だったら、俺は躊躇せずその間隙に突っ込んでいくこともできる。逆の立場でもそう。

ユタカさんにこんなことを言われたことがある。

「前に伸二がいて1頭分だけスペースが空いていたら、喜んで突っ込むよ」

お互いそんな時に鞭をバンバン使ったりしないし、馬をヨレさせたりもしない。

それだけの自信と信頼が合致したからこその競馬だ。

また、かつての腕のある先輩たちは、こうやってまだ駆け出しだった俺らに競馬を教えてくれた。でも、もうそんな俺らの気持ちが、後輩に伝わる時代ではなくなったようだ。

## レースの組み立て

レースでは、そうした人間関係が騎手のとっさの判断に影響することがあるけど、その一方で、馬それぞれの特徴を見極めながらレースの組み立てを考えつつ、俺は他の騎手と駆け引きをしている。

日本には海外のようにラビット[23]がいないため、同じ厩舎の馬がラビットの役割を果たすことがある。オルフェーヴル[24]がフランス遠征した時のアヴェンティーノみたいに。

日本だとあくまでもライバルの他馬をペースメーカーにして戦わなければならないことがあるから、同馬主の馬が出ていない場合は不利になる。乱ペースになったり、共倒れの危険性もある。それを未然に防ぐためには、俺が序章で提案した、同馬主の馬がワンツーした場合、2頭併せて1着、という制度が生きてくるんだけどね。


まあ、それはさておき、俺はどのレースでもそうなんだけど、まず、基本的に残り600メートルのハロン棒[25]を目安に、レースの組み立てを考えて競馬をしている。そもそも、どんなに強くても、最後の3ハロンを30秒で走れる馬なんていない。なんぼ速くても、芝なら32～35秒。ダートだったらスローペースでも35秒台後半。

だったら、前半じっとしていれば、最後はそれぐらいの脚は使える、と。

当たり前の話だけど、結局、1200メートルを1分12秒で走れる馬は、ケツから行こうがハナへ行こうが、1分12秒で走れる能力を持っている。

だから、若い騎手がやみくもに早仕掛けして「4コーナーをゴールと間違っているな」とファンに怒られることがあるけど、俺なんかはもっとはやくて、「3コーナーがゴールじゃねえんだぞ」と思うことがある。その手前で動いた馬がいたら、「こいつ止まるな」と思ったり。

結局のところ、競馬っていうのは「ゴール板で他の馬よりも前に出てたらいいんじゃないの」ってこと。たまに馬なりのまま、どこにも出るところがなくて、何もできずにそのままゴールすることもある。さっきも言ったけど、それも含めて「競馬」なんだ。

## 騎手同士の駆け引き

そこで俺の場合は、あくまでも残り600メートルから逆算して、レースの展開やペー

(23) ペースメーカーともいう。スローペースが当たり前のヨーロッパなどで、逃げ馬が不在の時、陣営のイチ押しの馬が得意なペースを作るための逃げ馬をもう1頭出走させること。ヨーロッパではギャンブルとして同一馬主の馬は全部1頭で扱われるので、結果的にラビットが逃げ切ったとしてもイチ押しの馬の馬券は当たるため、問題にはならない。日本では勝つつもりがない馬の出走を競馬法で認めていないため、制度にするのは難しい

(24) 2011年、史上7頭目の三冠馬となり、年度代表馬に選出。古馬になっても宝塚記念を制し、フランスに遠征。前哨戦のフォワ賞を勝った後で迎えた凱旋門賞は惜しくも2着。12年現在における現役最強馬であり、ジョッキーを振り落としたり逸走するなど、暴れん坊的なキャラクターも愛されている

(25) 1ハロン＝200メートル。競馬場にはコースに沿って1ハロンごとに残りの距離の書かれたハロン棒が設置されている

スを読んだり、駆け引きをしている。

仮に逃げ馬が２頭いたとしよう。俺が外枠で、向こうが内枠。スピードの絶対値として、スタートのダッシュは向こうの方が速いとしたら、こっちは外枠なんだから、このレースでハナを取ろうとしたら、前半でかなりの力を使わないといけない。

結果として２頭が競り合ってハイペースになり、最終的に失速して惨敗を喫するぐらいなら、向こうにスローで逃げてもらい、こちらは２番手の競馬をしていい着順を取った方が、馬主にとっても厩務員にとっても調教師にとってもいい。これが騎手の考える「駆け引き」というもの。もちろんこっちが内枠で向こうが外枠なら、ハナは譲らない。

また、スタートがあまりよくなく、頑張っても真ん中ぐらいにしかつけられない馬が、外枠不利とされている中山競馬場の芝１６００メートルや、東京競馬場の芝２０００メートルのレース[26]に出る場合、騎手はどんな作戦を考えるか――。スタート直後、内にも入れず、中途半端な場所で競馬をするぐらいなら、ここは思い切って出遅れ、ぽつんとケツから内ラチ沿いに走るなどの作戦をとるのも、ひとつの手だ。

ただし、これも状況次第。いくら外のほうが距離のロスがあるとしても、内の馬場が悪いとしたら、結局最後の直線になって外のほうが伸びるというケースもある。それに、その馬の持つスピードの絶対値とか脚質とかも加味する必要があるからね。

たとえば2012年のジャパンカップで2着になったオルフェーヴル。当初は、大外枠を不安視する声がファンからあがっていたし、最後は差されちゃったけど、結果として俺は大外枠でよかったんじゃないかと思っている。内枠でガチャガチャして外国人騎手にインへ閉じ込められ、動くに動けない状態に陥るより、外をスムーズに通った方がいいわけだから。

ちなみに、外国人騎手は、天皇賞・秋のエイシンフラッシュに乗った時のミルコ（ミルコ・デムーロ騎手(27)）のように、「内ラチ沿いを通ってずっと我慢する人が多い」と思われがちだけど、エイシンフラッシュのケースは稀だよね。乗っているのが瞬発力のある馬だ

(26) 中山はスタートから最初のコーナーまで240メートル、東京は118メートルしかない。各馬いっせいに内に殺到した場合、やはり外枠が不利というのが、競馬ファンの間では定説となっている

(27) イタリア出身。世界でもトップクラスの名ジョッキー。2003年ネオユニヴァースで史上初の外国人日本ダービージョッキーとなり、11年ヴィクトワールピサで史上初の日本馬によるドバイワールドカップ制覇を達成した。12年にエイシンフラッシュで天皇賞・秋を制し、正面へ戻ってきた時に下馬して天皇皇后両陛下に挨拶したシーンは話題となった。大の親日家で、日本の競馬新聞も読めるほど

から、スッと行けて勝てるということだと思う。

こんな感じで、競馬の作戦や駆け引きには、単純には説明しきれない難しさが存在する。競馬ファンが気にするような、枠の有利不利というのは、実のところ、騎手はそれほど問題視していない。それよりはむしろ、「馬場が悪いから前につけよう」とか、馬場の傷み具合などによって、位置取りを考えることはある。

## 騎手の右利き・左利き

福島競馬場の開催後半(28)など、内側の馬場が悪くなった時は、外を回したほうが差しが伸びるということがある。ただし、外を回すといっても、それはあくまでも距離のロスの程度の問題。

ちなみに、競馬場それぞれの攻略法に関していうと、これはもう慣れしかない。ただ、フランスのシャンティ競馬場に行ったとき、前々から「難しいよ」とさんざん聞かされていたけど、実際はそんなことなかった。あんな乗りやすい競馬場はない。

むしろ、京都競馬場（芝外回り）の3コーナーから4コーナーにかけての下り（高低差4・3メートル）の方がよっぽどペース配分は難しい。

南関東の小回りのコーナーも、中央競馬で鎬《しのぎ》を削っているパワーもスピードもある馬だったら、回りきるのが難しい。浦和競馬場とか川崎競馬場は左回りでコーナーがキツいから、実際に事故が起きたこともあるしね。

いずれにしても、実際に体感してみないとなんでもわからないということ。経験を重ねていくなかで体に覚えこませるしかない。

ただし、騎手の右利き・左利きがレース展開や結果に影響することはある。

たとえば、ウィリアムズ（クレイグ・ウィリアムズ騎手(29)）は、右の鞭しか使えない。東京競馬場だったら左回りなので、右手で叩いていればその様子がお客さんからもよく見えるよね。普通は馬が内にモタれれば、今度は左に持ち替えて叩かなければならないんだけど、とくに若い騎手なんかは鞭の持ち替えがスムーズにできない、あるいは左手ではうま

(28) どの競馬場でも開催期間中、前半から後半にかけてどんどん芝はボロボロになっていくが、その中でも特に福島は地盤がゆるく芝の根付きが弱いため、馬場状態の劣化が激しい。福島では人気薄の馬が連対に絡んで高配当となるケースがままあり、「荒れる福島」という言葉もある

(29) オーストラリア出身。オーストラリアNo.1ジョッキーの呼び声が高い。海外にも積極的に遠征している。主な騎乗馬にフィールズオブオマー、ジャガーメイル、オルテンシアなど

く叩けないということがあるので、競馬場の右回り・左回りがハンデになることはある。俺なんかはどっちの手も均等に使えるし、自由に持ち替えられるし、同じぐらいの強さで叩けるから、まったく気にしてないけどね。

## 緊張する「一頭入魂」と「スーパー未勝利戦」

どんなレースでも、スタートの前は誰でも緊張する。注射される時と同じで、緊張するのは当たり前のこと。とりわけ、俺の場合、「一頭入魂」した時の緊張はハンパない。

**【図表 3】騎乗回数一覧**

| | 騎手名 | 騎乗回数 |
|---|---|---|
| 1位 | 岡部幸雄 ※ | 18647 |
| 2位 | 武豊 | 17644 |
| 3位 | 柴田善臣 | 17634 |
| 4位 | 中舘英二 | 17405 |
| 5位 | 蛯名正義 | 16915 |
| 6位 | 横山典弘 | 16315 |
| 7位 | 田中勝春 | 16185 |
| 8位 | 河内洋 ※ | 14940 |
| 9位 | 藤田伸二 | 14070 |
| 10位 | 幸英明 | 13874 |

※引退騎手　2013年3月31日現在
（出所）日本中央競馬会ホームページ

実は、ヒルノダムールの天皇賞・春の時や、トランセンドのフェブラリーステークスの時は、他にあった依頼をすべて断って、その日はその1頭にしか乗っていなかった（今は、別に断ってないのに、1頭しか依頼がない時があるけどね）。こうした「一頭入魂」の時は、たしか4戦3勝ぐらいしている。まさに魂が入っているんだ。

そんな「一頭入魂」の時、大事になってくるのが、騎手としての「胆の据わり方」だと思う。

では、どうすれば胆が据わったレース運びができるようになるのかというと、競馬場に慣れるのと同様、とにかく場数を踏むという方法以外、ないんじゃないかな。1万回以上乗っている騎手（右ページ【図表3】参照）というのは、みんなそれなりの実績があるし、実績を残さなきゃ1万回も乗せてもらえない。だからそういう騎手は全員胆が据わっていると見ていい。

どんなレースだってスタートとなったら腹を括るしかないし、乗った馬はすべて勝たせてやりたいと思っているんだけど、レース前の緊張という意味でいえば、「一頭入魂」の時に匹敵するか、それ以上に緊張するのが、俺の場合、「スーパー未勝利戦(30)」なんだ。このレースに負けることは、馬の引退もしくは地方競馬への売却を意味する。

(30) 未勝利戦は毎年3歳の9〜10月開催までに終了する。最後の約1ヵ月間に開催される未勝利戦は、JRAでの平地競走の前走が5着以内の馬、またはキャリアが5戦以下の馬が1回しか出走できず、JRAに残るための最後のチャンスになるので、俗称として「スーパー未勝利戦」と呼ばれている。もし負ければ地方競馬に売られるか、引退かのいずれかである。地方に売られた場合は、よほど連勝して、JRAに戻って条件戦に出ても勝てると判断したJRAの馬主が買い戻さない限り、JRAに戻るチャンスはない。また、未勝利のまま引退となれば、よほど血統が優れた牝馬が繁殖用に残されるケースを除いて、ほとんどが処分される

「ここで勝たなければ、もうその馬は使うところがない」と言われれば、なんとか勝たせてやりたいと思う。日ごろからすごく世話になっている厩務員さんの馬なんかは、特にそう。スーパー未勝利戦に乗る時は「絶対に勝たなければ」とわざと自分に強いプレッシャーをかけることもある。

**勝負強いジョッキー**

「胆の据わり方」でいえば、こんなケースもある。

レースのペース配分は、騎手同士の重要な「駆け引き」のひとつなんだけど、あまりにも遅いペースを嫌った乗り役が、向こう正面で一気にハナに立って場内を沸かす場面を見たことがあると思う。それが成功して勝つ場合もあるし、脚を使いすぎて沈むこともある。「勝手なことやって負けやがって」とその馬の関係者やファンからドヤされることもあるけど、この場合、結果はともかく、そこで動いたこと自体は讃えられるべきだと考えている。

というのも、自分勝手な無謀なパフォーマンスと捉えるか、一発勝負に出るための思い切った好騎乗ととるか、そんなことよりも、それだけ胆を据えて立ち回ったことに価値があると思うからだ。

　レースのペースが、スローとか超スローになりそうというのは、体感速度をもとに、1コーナー手前の時点でだいたいわかる。主導権を誰が握っているかによってずいぶん違う場合があるんだけど、自分が「遅すぎるな」と思ったらハナを主張するとか、そういうことはリーディング級のジョッキーでなくても、たいがいの騎手はペースが読めた時点で考えている。

　でも、周りが囲まれて動けなかったり、スローペースに巻き込まれたりしてしまうことも多い中で、冷静にペースを分析しながら一発勝負に出て、向こう正面でハナに立つというのは、経験の浅い騎手にはそうそうできる芸当じゃない。結果として、それが敗因になるかもしれない。でも、途中のダラダラしたペースの中で脚を余し、みんなと一緒に馬群に沈んでしまうよりは、いくらそれもまた「競馬」だとはいえ、よっぽどマシだと思う。

　ただし、状況によっては、出遅れたらそのまま控えて勝負する――それも胆の据わった乗り方になる。慌てて前に行くのは絶対ダメなんだ。

　たとえば、俺がダービーを勝った時、「出遅れた」と思って、それ以上のロスを避けるために内ラチに行ったんだけど、2コーナーで目の前に1番人気のダンスインザダーク[31]がいた。

「あ、誘導馬ができた。この馬の後ろをついていけば、進路はできるはず」

とっさにそう思ったよ。そうしたら、行くところ行くところ自然に開いていった。

不思議なもので、勝つ時は前が行くところ行くところ上手に開くから、競馬っていうのは面白いし、難しいともいえる。まあ、勝つ時っていうのは、そんなもんなのかもしれないけどね。

いずれにしても、胆を据えてレースに挑める者は、勝ちを引き寄せることのできる、勝負強いジョッキーだと思う。

## 「俺が走るんじゃないから」

「胆の据わり方」については、騎手としての心構えという意味でも、安藤さん（安藤勝己元騎手）にすごく勉強させてもらった。

たとえば、安藤さんがよく口にしていて、今でも俺の耳に強く残っているのが、

「俺が走るんじゃないから」

っていうこと。その言葉を思い出すと、それまで緊張していたのがウソのように落ち着くんだ。

あと、「本番（GⅠ）よりもトライアルレースのほうが緊張する」というのも、忘れられない。

つまり、本番では、その馬の好走パターンの乗り方、たとえば先行抜け出しでトライアルを勝ってきた馬なら、本番でもその戦法で乗ることをファンも関係者も要求するから、その通り乗ればいい。強い馬であればあるほどそうなる、というのが、安藤さんの持論。

でも、そこまで強くない馬なら、「この戦法の方が合っているんじゃないか」ということを確認するために、トライアルでさまざまな戦法を試す必要がある。だから安藤さんの場合、「どういう乗り方をしたらいいか、トライアルではいろいろ考えなければならない上に、勝つことも要求されるから、本番よりも緊張する」っていうんだ。そういうところ

(31) 有力候補と目されていた1996年の皐月賞を熱発で回避した後、プリンシパルステークスを快勝。続くダービーでは1番人気におされたが、勝利を目前にしておきながら、フサイチコンコルドに差されて惜敗（クビ差）。秋の菊花賞でも1番人気の支持を得たものの、進路を塞がれ「万事休す」かと思われた矢先、鞍上の武豊騎手が外に持ち出すと上がり3ハロン33秒8という脅威の末脚を見せ、見事優勝。ファンの感動を呼んだ。その翌日、屈腱炎を発症していることが判明し、引退（8戦5勝）

が、俺たち普通の騎手とは逆の発想の持ち主だった（それでもやっぱり、俺は本番の方が緊張するけどね）。

もっとも、安藤さんはレース前の輪乗りで突然、ユタカさんとかに「このレース、何メートルだっけ？」とか「このレースは内回りと外回りのどっち？」なんて聞いてくる。こちらが脱力するぐらい常にリラックスしていて、しかもそれで勝ってきたのだから、すごい人だった。そういう意味で、あの人は常人離れした感覚の持ち主。俺もたまに、距離を忘れちゃうことがあるけど、安藤さんほどじゃない。

**レースのおさらい**

序章でも話したけど、一日も早く調教師になろうと1000勝を目指していたころと今とでは、生活のリズムも変わった。まったく違うわけではないけど、今は攻め馬（調教）をしていない代わり、信頼して任される馬に全力を注いでいる。

でも、昔からずっと変わっていない習慣もあって、それがレースのおさらいだ。

若手の騎手たちもビデオ（高い位置から馬群全体を見下ろすパトロールフィルム）を見てよくレースの研究をしているけれど、俺の場合、レースの合間とかにそうしたビデオを見る以外にも、家に帰ったあと、レースの最初から最後までの流れの映像をノーカットで確認できる携帯のサイトをよくチェックしている。

他の騎手がどこをどう気にして見ているか知らないけど、俺は勝った馬だけに注目することもあれば、自分のフォームを確認して「どういう風に自分が映っているのかな」「もうちょっとカッコよく乗れたかな」といった点に注意しながら、何回か見直している。

走り終えたばかりのレースを振り返りながら、「自分が次、この馬に乗って勝つためにどうするか」ということだけじゃなく、自分が乗っていない馬でも「俺だったらこういう風に乗るのにな」とか、日ごろからイメージを膨らませることが、騎手にとっては欠かせない仕事だと思う。

馬券を買う側からすると、俺が乗って負けた馬について、「次は同じ乗り方はしないかな」とか考えるだろうから、それは違う戦法でやってくると期待してもらってもいいし、もちろん、そういう場合は同じ乗り方は絶対にしない。

前回負けたから今回はもうないんじゃないかと考える人もいるだろうけど、それはその日の馬の調子とかにもよる。次は勝てそうと思っても調子が悪けりゃ負けるし、自分が完璧に乗っても成績に出ない時もある。

同じ失敗を繰り返さないためにも、これまで話してきたようなレースのペース配分を考えたり、レースのおさらいをすることは大事になってくる。それらを踏まえて、次のレースでは馬の脚質を変えることだってあるんだ。

# 第2章　上手い騎手は何が違うのか

## 武豊の「無難な乗り方」

騎手にも当然、上手、下手というのがあり、その騎乗技術の差は歴然としている。

俺にとってユタカさん（武豊騎手）は「歩く教科書」。乗り方なんかはよく参考にさせてもらった。でも、どちらかというとユタカさんの場合、「上手」というよりは「ソツのない、無難な乗り方をしている」といったほうが、ユタカさんの特徴をよくあらわしていると思う。

ここでいう「無難な乗り方」とは、ファンや競馬関係者だけでなく、俺たち騎手仲間も納得できる騎乗をするというか、明らかなミスが少ないということ。たとえば、超ハイペースなレース展開になったとしても、一緒につられて行ってしまうことが少ない。あるいは、大外を回してすごくコースロスをするとか、前に壁を作って出てこられないとか、引っかかった馬にそのまま持っていかれるとかいうことも、あまりない。もちろん、どんな一流ジョッキーだってミスはあるんだけど、ユタカさんはそうしたミスの確率が比較的少ない。「あの競馬で負けたら仕方ない」とほとんどの人が納得させられることが多いんだ。

ユタカさんについては、第4章で詳しく話をするけど、勝てる馬に乗ったら高い確率で勝利する――。取りこぼしが少ないというのが、ユタカさんがこれまでリーディング上位にいられたゆえん。くだらないミスをしているようでは、何年経ってもリーディングには到底手が届かない。

## 岡部幸雄の「鞭の扱い方」

かつてトップジョッキーだった岡部さん（岡部幸雄元騎手(1)）だって、鞭《ステッキ》の扱い方の面では、とうてい俺なんかかなわない技術を持っていた。本当に「上手」で、そのレベルは、騎手や調教師として成功し、「ミスター競馬」と称されている野平さん（野平祐二元調教師(2)）をも超えていたんじゃないか。

たとえば、鞭を左右に持ち替える時の技術はスムーズだったし、とにかく叩き方がやわ

（1）福永洋一元騎手、柴田政人調教師、伊藤正徳調教師と同期。長きにわたって競馬界のトップで活躍し続け、ファンから絶大な信頼を得た名騎手。競馬社会のしがらみを嫌い、家族を大切にするというポリシーを明確にしている。2005年に騎手を引退、現在はJRAアドバイザーとして、ゲスト解説などで活躍中。主な騎乗馬にグリーングラス、ダイナカール、シンボリルドルフ、オグリキャップ、ヤエノムテキ、トウカイテイオー、シンコウラブリイ、ビワハヤヒデ、ジェニュイン、タイキシャトル、ウイングアローなど

（2）主な騎乗馬にカネケヤキ、スピードシンボリなど、主な管理馬にシンボリルドルフなど。2001年死去。04年、騎手顕彰者に選出され殿堂入り

らかかった。若い騎手はガサツに力任せで叩いている感じだけど、岡部さんは違った。腕と鞭が一体化しているというか。肩から鞭の先までの全体が、しなるように柔軟で実にカッコよかったんだ。

ファンのみなさんは、騎手が鞭を打つ時、馬のお尻を目掛けて鞭を入れていると思っているかもしれないけど、実際のイメージはちょっと違う。鞍上にいる騎手が本当にお尻に打とうとしたら、腕をずっと後ろに伸ばさなければならないからね。でも、俺ら騎手が鞭を打つときのイメージというのは、馬の腹の下に打っている感覚、といったほうが現実に近い。そうすると、自然と鞭は馬の腰のすぐ後ろのお尻に届くんだけど、その打つタイミングも岡部さんは適切だった。

俺も、馬体が縮んで首が上がってきた時に叩くようにしているけど、康誠《やすなり》（岩田康誠騎手＝後述）とか、ヨーロッパの外国人ジョッキーは馬体が伸びている時に打っている。まあ、どっちが正しいのかはわからないけど、俺の考えでは、馬体が縮んでいる時に叩くから伸びるんであって、馬体が伸びている状態で打つのはどうなんだろう、と疑問に思う。

いずれにしても、その一連の動作において、岡部さんは実にスムーズだったんだ。

それだけの技術の持ち主が２００５年に引退したというのは、引っかかるパワーのある馬を年齢的に抑えきれなくなったことが原因だったと思う。これは俺の想像だけど、それ以外に考えられない。だって引退直前であっても、その鞭の技術は神懸かっていたから。来日している外国人ジョッキーの鞭さばきがすごいってよくいわれるけど、岡部さんのほうがはるかに上だった。今でも俺は岡部さんのレベルに全然追いついていないと思う。

今、現役の騎手で岡部さんの持つ技術に近いのは、カッちゃん（田中勝春騎手[3]）ぐらい。うまく後輩たちに受け継がれていけばよかったんだろうけど、岡部さんは昔からよくいえば孤高の人だった。かつて行われた騎手や競馬関係者たちによる親睦会で、騎手たちが裸になって踊ることがあって、岡部さんもパンツ一丁で騒いでいたんだけど、周りに人が集まっていた記憶もないし。その圧倒的な実績ゆえに、人を寄せ付けないというか、後輩たちの中でもなかなか声をかけづらい部分があったんだと思う。

## 「人馬一体」となっている横山典弘

ユタカさん、岡部さん以外にも、俺がデビュー以来、「上手いなあ」と思って目標にし

（3）関東リーディング上位の常連。愛称はカッチー。主な騎乗馬にヤマニンゼファー、セキテイリュウオー、バランスオブゲーム、ヴィクトリー、シャドウゲイトなど

たり、影響を受けたりした騎手をあえて3人あげるとしたら、それはノリちゃん（横山典弘騎手）、四位（四位洋文騎手＝後述）、それとフランキー（ランフランコ・デットーリ騎手＝後述）になる。

まず、ノリちゃんにはその知名度と実績に、確かな技術が備わっている。俺が「上手い騎手」としてあげる条件の一つ、「乗っている時の姿勢」が、ノリちゃんの場合、とにかくカッコよくて美しい。頭の位置がどこにあるとか、腰が高い・低い、背中のラインがまっすぐになっている・曲がっている等、そういった細かな部分がどうこうというより、姿勢全体のバランスがまとまっていて安定しているというか、まさに「人馬一体」になっていることが、俺が考える上手い騎手の条件だ。

安定しているから、乗っている時もブレないし、馬に余計な負担がかからない。

競馬場に行ったりテレビで観戦する時、馬が向こう正面を走っている際に映しだされる道中の映像をぜひ見てもらいたい。ノリちゃんでもユタカさんでも、バランスを崩して背中がガクガクとなったりしている姿を見たことは、まずないと思う。上手い騎手は一様に、くるぶしでバランスを取っていて、そうすれば腰から下は安定して動かないからだ。

また、ノリちゃんが鞭を右手から左手に持ち替えたりするときのしぐさも、岡部さんほどではないにせよ、ほれぼれするぐらいスムーズ。

何よりもすごいのは、そうした「上手さ」が重賞とか注目度の高いレースだけじゃなくて、たとえ朝の第1レースであっても決して手を抜くことなく、徹底されている点だ。

ノリちゃんに注目するようになったきっかけは、俺が6年目から参戦してきた北海道シリーズ[5]で、ノリちゃんとリーディング争いをしたこと。当時、北海道シリーズは、柴田さん（柴田政人調教師[6]）や、南井さん（南井克巳調教師[7]）も名を連ねていてレベルが高く、「ここでリーディングが取りたい」と思うようになっていたんだけど、俺が勝った時、ノリちゃんから「またお前か」と言われたことがあって、それ以来、ノリちゃんを強く意識

（4）1986年デビュー。主な騎乗馬にメジロライアン、トロットサンダー、サクラローレル、ホクトベガ、セイウンスカイ、ブラックホーク、イングランディーレ、ロジユニヴァース、カンパニーなど

（5）毎年春、競馬が終わると、騎手たちは北海道組、福島・新潟組、阪神・小倉組というように、地方に分散してレースに参戦する。6月から10月にかけて函館競馬場・札幌競馬場でレースが行われる北海道シリーズは「夏競馬」の代名詞的存在で、「夏の風物詩」ともされている

（6）1995年引退、現調教師。騎手時代は「剛腕」と呼ばれ高い人気があった。主な騎乗馬にアローエクスプレス、プリテイキャスト、キョウエイプロミス、ミホシンザン、イナリワン、ウイニングチケットなど

（7）1999年引退、現調教師。騎手時代は「ファイター」と呼ばれ、闘志あふれる騎乗で多くのファンから愛された。主な騎乗馬にタマモクロス、オグリキャップ、ナリタブライアン、マーベラスクラウン、マチカネフクキタル、サイレンススズカなど

するようになった。

俺が2002年から9年連続で札幌競馬場のリーディングを取ることができたのも、ノリちゃんの存在のおかげといっていい。

常に勝ちにこだわっていて、位置取りとか仕掛けどころなど、レース勘にもすぐれている。実のところ、俺が考えている「レースの組み立て」や「駆け引き」といったこと（第1章参照）は、ノリちゃんの競馬を見たり、実際のレースであの人の後ろに付くことによって、学んだ部分もある。

## 周りがちゃんと見えているか

そもそも競馬というのは、上手い騎手が乗っている強い馬の後ろにつけるのが理想的とされている。強い馬はバテて下がってくることもないし、前をさばいて進出するその馬についていけば、自然といいタイミングで自分の馬も進むことができるからだ。だから前の章でも話したように、俺たちはレース前夜に競馬新聞をじっくり読む上、パドックや輪乗りの時に必ず誰がどの馬に乗っているのか再確認する。そしてスタートしてから周りを見て、どの馬の後ろにつけようかと考えるというわけ。

こうして考えてみると、上手いジョッキーというのは「周りがしっかり見えている」ことも非常に大切な条件となる。もし騎手のいろんな要素、たとえば姿勢、位置取り、仕掛けのタイミング、折り合い、精神的な強さなどの各項目を評価してグラフにしたら、ノリちゃんは全てにおいて高評価の、円に近いグラフができると思う。

ノリちゃんでなければ勝っていなかったというレースも多く、俺も結構ノリちゃんの乗り方に自分を照らし合わせてシミュレートするんだけど、「俺だったら勝ってないな」と思うレースは数多い。そんなノリちゃんを見て「上手い」と思うし、俺も同じように乗りたいなと思ってきた。

## 「ヤリ、ヤラズ」とは

ただ、ノリちゃんについては、競馬ファンや競馬関係者の間で「ヤリ、ヤラズ[8]」とかってささやかれているけど、そういったところも含めてノリちゃんから影響を受けている俺としては、ここでちょっと、言っておきたいことがある。

(8) 本気で勝ちに行くのが「ヤリ」、そうでないのが「ヤラズ」。つまり、「ヤリ、ヤラズ」とは、レースによってムラがあるということ

以前、河内先生《テキ》(河内洋調教師[9])から「お前はケガしないな」と言われたことがある。繰り返しになってしまうけど、それは俺が「人の邪魔をしない」ことを第一に考えて競馬をしているから。

それに、いわゆる「ヤラズ」の時っていうのは、それなりの理由があるんだ。

もちろん、自分の馬にちゃんと手応えがあり、「これなら故障する心配はない」と思った時は、ちゃんとやっている。

しかし、これは騎手にしかわからない感覚なのかもしれないけど、「馬の歩様がおかしい」とか「このまま無理をしたら故障する」って思ったら、当然、ペースを抑えて乗ることになる。明らかに歩様がおかしいと思ったら、まず無理はしない。説明が難しいんだけど、自分が普段乗っている馬なら、いつもと違うというのは感覚的にわかる。手を抜いているわけじゃなくて、よほど、本調子にないなどのいわくがあったり、「この馬危ないな」って感じた馬については、故障を防ぐというのは自分や他人の身を守るためだけではなく、一番大切な馬の身を守ることでもあるんだから。もちろん、まったく予兆を感じなかったのに、故障したこともある。

競馬関係者っていうのは冷たいもので、「ちゃんと追わないからアイツは乗せない」と言われることもある。でも、無理をしないことで、その後調子が上がったり脚部不安が解消されたりして、次のレース以降、勝つことがあるかもしれないじゃないか。

こうした一連の判断を「ヤラズ」って判断されると、ちょっと困ってしまう。

## 人間づきあいの「上手さ」も必要

俺が「上手い騎手」の二人目にあげた四位（四位洋文騎手(10)）は、俺の競馬学校の同期。彼は中学の頃から乗馬雑誌に名前が載るぐらい、その世界では全国レベルの活躍をしていた。何しろ、競馬学校の教官ですら手に負えない馬でも、四位は手なずけてしっかり乗りこなすことができたし、しかもその姿勢が美しくてカッコよかった。

(9) 2003年に引退した元騎手。騎手時代は牡馬のGIも多く勝っているが、特に桜花賞4勝など牝馬のGIに強く、「牝馬の河内」の異名をとった。藤田の若い時からその技術を高く評価し、調教師になった現在も依頼が多い。誠実な人柄で信望が厚く、武豊の兄弟子でもある。主な騎乗馬はカツラノハイセイコ、ニホンピロウイナー、メジロラモーヌ、サッカーボーイ、オグリキャップ、ダイイチルビー、ニシノフラワー、レガシーワールド、メジロブライト、アグネスフライト、アグネスタキオンなど

(10) 1991年デビュー。少年時代から乗馬の世界では有名で、現在も美しいフォームには定評がある。2年連続ダービージョッキーになるなど、数々のビッグタイトルを獲得している。主な騎乗馬にイシノサンデー、ダンスパートナー、シンコウフォレスト、アグネスデジタル、ウオッカ、アサクサキングス、ディープスカイ、レッドディザイア、ハタノヴァンクールなど

競馬学校では何ヵ月かに1回、「教育評価」という、障害飛越、乗馬、競走における姿勢に点数がつけられ、1位からビリまで発表される制度があったんだけど、四位はずっと1位だった。俺と身長は同じくらいなのに、上手に脚をたたむことができるし（これに関していえば、俺より脚が短いからなのかもしれないが）。以来ずっと、俺の中では何かと意識してきた騎手だ。

もっとも、四位の難点は、「俺は上手いんだ」と天狗になっていたし、今でも自分でそう公言して憚らないところ。デビュー当初は「上手いのに何で俺に乗せないんだ」という態度をとってしまったから、一時期、周りから干されていた。今でこそ、「やっぱりアイツは上手い」となって依頼されているけど、「上手い騎手」として活躍するためには、人間づきあいも「上手く」やることが必要だと思う。人のことを言えるほど、俺も「上手く」はないけどね。

## 岩田康誠の乗り方は認めない

俺はこれまで、見た目のカッコよさや美しさにこだわってきたけど、それができるのはハマった時だけで、ノリちゃんや四位のように毎回はできない。そこで同期の四位に勝つためには同じことをしてもダメだと思って、俺は見た目の美しさやカッコよさよりも、勝つことを重視してきたつもりなんだけど、俺と同様、勝ちにこだわっているのが、康誠《やすなり》（岩田康誠騎手[11]）やユウガ（川田将雅騎手[12]）だったりする。

康誠にはここ一番での仕掛けるタイミングを読む能力など、レース勘も備わっている。ＪＲＡに移籍してくるまでの地方競馬時代、園田競馬場や姫路競馬場で毎日のように乗っていたわけだから、ＪＲＡの若手に比べれば、そりゃあ上手くもなる。踏んだ場数の差だ。その上、強い馬に乗っているんだからそれは当然勝つよ。だからと言って、彼が技術的に見てノリちゃんやユタカさんのレベルに達しているかは疑問だ。

また、たとえ見た目よりも勝ちを重視したからといって、康誠のように馬の背中にトントンと尻をつけるような追い方だけは、絶対に認めたくない。いくらなんでも不恰好だし、なにより、馬の背中を痛めてしまうから。次の第3章で詳しく話をするつもりだけ

(11)　園田競馬場で1991年デビュー。2006年、ＪＲＡに移籍。下半身を使った独特の追い方は有名。12年はＧⅠを6勝するなど、現在最も勢いに乗っている騎手。主な騎乗馬はデルタブルース、アドマイヤムーン、アドマイヤジュピタ、ウオッカ、アヴェンチュラ、ブエナビスタ、テスタマッタ、ロードカナロア、ディープブリランテ、ジェンティルドンナなど

(12)　2004年デビュー。父が佐賀競馬場の調教師という関係か、地方の騎手に多く見られる派手なフォームで活躍している。主な騎乗馬はキャプテントゥーレ、スーニ、ビッグウィーク、ゴルトブリッツ、ジェンティルドンナなど

ど、馬は、康誠のああした乗り方のおかげで伸びているんじゃない。繰り返しになるけど、強い馬に乗っているから、康誠は勝っているんだ。

だから、エビちゃん（蛯名正義騎手）[13]が岩田のマネをして尻をトントンつけているんだけど、あれには大反対だ。誰に言われたのか最近は止めているけど、まだ時々やっている。あれほどの実績がある人が。

先日、ユタカさんや四位と一緒に話をしていて、「俺たちはああいうフォームはやれないな」ということで意見が一致した。正確に言えばやれないんじゃない。恥ずかしいし、何より馬を痛めてしまうからやらないんだ。

それと、騎手仲間が辞めた安藤さん（安藤勝己元騎手）と飲んでいた時に出た話なんだけど、安藤さんは、「中央競馬に入ったのは、ああいう乗り方をしたくなかったからで、中央はスマートでカッコいいイメージがあったのに、なんで今はみんなあんな不細工な乗り方をするんだ」と話したという。安藤さんの嘆きが伝わってくるエピソードだ。

ユウガはどうかというとやっぱり見た目は美しくない。タイプとしては康誠に近く、レース展開をよく学んでいるけど、カッコよくて美しい乗り方というのはできていないね。

## 福永祐一は懐が開き過ぎている

　では、ここ数年、リーディングの上位に食い込んでいる祐一（福永祐一騎手）の場合、見た目にこだわっているか、それとも勝ちにこだわっているのか——。どちらのタイプかと訊かれたら、俺に言わせれば、そのどちらにもあてはまらない。康誠のように尻をつけたりはしないけど、おそらく体が硬いから、馬と体の間にムダな隙間が生じてバランスが非常に悪くなっている。ノリちゃんと見比べるとわかるけど、上手い人は前傾姿勢がとれていて、上半身が馬と非常に近いところにある。このムダのない「人馬一体」のフォームが、馬に負担を与えない、きれいなフォームなんだ（【写真1】参照）。

【写真1】

【写真2】　　提供　産経新聞社（2点とも）

（13）　エルコンドルパサー、ナカヤマフェスタで2度凱旋門賞2着になるなど、海外では武豊騎手に次いで知名度が高い日本人騎手。国内でもアパパネで牝馬三冠を達成した。愛称はエビショー。他の主な騎乗馬はバブルガムフェロー、エアジハード、トロットスター、マンハッタンカフェ、マツリダゴッホなどこれに対し、祐一の場合は、体重が後ろにかかって、懐が開き過ぎることがある（前ページ【写真2】参照）。膝でバランスを取ろうとしているから、祐一の膝がカックンカックン動いてしまうのはそのせいだ。

それでいて、勝ちにこだわった乗り方もしていない。結局、強い馬に乗せてもらっているから勝っているんだ。

ここで一つ断っておきたいのは、騎乗フォームに関する俺の基準というのは、あくまでも俺個人の考えだからね。俺の考えが絶対に正しいと言うつもりはないけど、どのスポーツでも、本当にいいフォームというのは美しいんじゃないかな。康誠や祐一より勝ててないけど、秋やん（秋山真一郎騎手[14]）とか竜二（和田竜二騎手[15]）、北村（北村友一騎手[16]）、上村（上村洋行騎手[17]）、津村（津村明秀騎手[18]）、大作（松田大作騎手＝後述）のほうが断然カッコいい。

もちろん俺も含めてだけど、騎手にはそれぞれ体格や性格の違いがあるのは当たり前で、一人ひとりの特性をあげたらここではキリがない。ノリちゃんやユタカさんの乗り方を参考にしてきたけど、そのすべてをまねすることなんてできなかった。

結局のところ、そういうさまざまな乗り方がある中で、自分の個性とかキャラというか、体型も含めて、自分に合った乗り方を決めていくしかない。自分の個性を大事にして、それぞれの考えで競馬に挑み、全力を尽くして結果を出す。そうして、ファンの記憶に残ることができたジョッキーが、いい騎手といえるんじゃないか――。

そんなことを身を以て俺に教えてくれたのが、心の師・田原成貴(19)だった。

(14) デビュー2年目から毎年重賞勝利を続けるなどコンスタントに活躍。2012年のNHKマイルカップで、カレンブラックヒルに騎乗し悲願のGI初勝利を挙げた。他の主な騎乗馬にキョウエイマーチ、ベッラレイア、ショウリュウムーン、ローブティサージュなど

(15) 1999～2001年にテイエムオペラオーとのコンビで重賞8連勝など、GI7勝を含む重賞12勝を達成した。他の主な騎乗馬にスターリングローズ、クーリンガー、ナムラクレセント、ワンダーアキュートなど

(16) コンスタントに50勝前後を挙げて活躍。主な騎乗馬にミヤビランベリ、ダノンヨーヨー、スギノエンデバーなど

(17) 1992年にデビューし、最多勝利新人騎手賞を獲得。目の病気で不振が続いていたが、2008年にスリープレスナイトでスプリンターズステークスを制してGI初制覇、完全復活した。他の主な騎乗馬にナムラコクオー、サイレンススズカ、ロイヤルスズカなど

(18) 競馬学校卒業時、優秀者に与えられる「アイルランド大使特別賞」を受賞。2004年デビュー

(19) 現役時代は華麗なフォームと卓越した騎乗で「天才」と呼ばれ、多くのファンを魅了し、また騎手仲間の多くが憧れ、自らの参考にしたと言われている。主な騎乗馬はリードホーユー、マックスビューティ、トウカイテイオー、マヤノトップガン、フラワーパークなど

## 技術を超越していた田原成貴

「俺ら騎手はアーティストだぞ。競馬は自分の作品にしなくちゃいけない」

田原さんの言葉は、今でも俺の心に強く刻まれている。

田原さんは、特殊な体型をしていた。馬に乗るとメチャクチャカッコいいけど、普段はそうじゃない。背は170センチくらいあるのに、脚がチョー短くて、胴がムッチャ長い。顔は男前だけど。俺らはレース開催直前の毎週金曜、調整ルームの風呂などで一緒になるので、お互いの裸を知っているから、そういう意味で田原さんはモロに昭和の体型だった。今の若い子は脚がムッチャ長いし、腰の位置からして違うから。そう考えると田原さんの体型はブスだった。


でも、田原さんが馬に乗ると、不思議とすごくカッコよかったんだ。手とヒジと爪先のラインが一直線になっているし、体が見事な逆三角形のフォームになっている（【写真3】参照）。今の騎手、たとえばノリちゃんとかで

【写真3】　提供　産経新聞社

も持っていないものを、田原さんは持っていた。

なによりもあの人がすごかったのは、ファンを心から大事にし、そして楽しませようという姿勢だった。時に俺ら騎手仲間さえもだまそうとする「策士」だったってこともある。アーティストであり、エンターテイナーでもあったわけだ。

トウカイテイオーで1993年の有馬記念を勝った時のこと。俺はテイオーの厩務員さんにかわいがってもらっていたので、馬の状態を知っていたんだ。帰厩してきた時は歩いていてもオーラがないし、「これがあのテイオーか」と思うくらいガレて（痩せて）しまっていた。

それでレース1週前の追い切りを終わった後で、田原さんに訊いたら、「伸二、こんなもんアカンぞ、1年ぶりだし勝つわけがないだろ、無理に決まってるよ」と言うんだけど、目つきが違うんだ。内心、「ウソつけ！」って思った。

俺、あのレースにウィッシュドリームという馬で出ていたから知っているけど、レース後にウイナーズサークルで田原さんが泣いていたの、あれはウソ泣きだからね。あとで、「どやった？　ファン酔うてたやろ」「感動するやろ、あの方が」って言ってたから。これ、今だから言える話だけどね。

それぐらい自信があったんだ。テイオーがビワハヤヒデ[20]に勝つ、と思っていたんだ。

## 生粋のプロ

1995年のマヤノトップガンの有馬記念の時なんかは、俺はその日の7レースで騎乗が終わりだったんで、「俺、ホテルに帰ってテレビで見ますよ」と田原さんに声を掛けたら、その時も相当自信があったみたいで、「ハナに行って勝つから。勝ったら十字を切るから」と言ってたんだ。それでテレビを見ていたら、本当にその通りに勝って、ゴールを過ぎたあとにテレビカメラに向かって十字を切ったんだから、あきれるよ。あの自信には本当に恐れ入る。

そうした自信は、決してハッタリなんかではなく、確かな技術に裏打ちされたものだった。1996年、スプリンターズステークスでフラワーパーク[21]に乗った時の田原さんは、ゴール直前の2完歩[22]のところで手綱をぐいっと引っ張り、ラスト1完歩のところで弓矢を放つようにふっと手を緩めると、着差0・0秒、ハナ差わずか1センチで、熊沢さん（熊沢重文騎手[23]）のエイシンワシントンに勝っている。

3着馬にぶっちぎりの5馬身差をつけたこの2頭が、壮絶な叩き合いを演じたんだけど、あれだけギリギリの激しいせめぎあいをしている中で、これだけ冷静な判断を下し、それを実行に移す技術は、おそらくユタカさんにもないんじゃないか。

レースを終え、引き揚げてきた田原さんは、俺に向かってたった一言、こういったんだ。

「わかったか？」

お前なら俺のやったことがわかるだろ、ちゃんと見ていたか——そんなメッセージだと俺は受け取った。

そんなことがあっての1997年春の天皇賞。この時、俺はローゼンカバリー(24)という馬

(20) 1993年の年度代表馬。春のクラシック二冠はいずれも2着に惜敗したが、菊花賞を圧勝し、次の有馬記念でトウカイテイオーの2着に敗れたあとは天皇賞・春、宝塚記念を含む重賞4連勝を達成。三冠馬ナリタブライアンは半弟

(21) 3歳秋にデビューして翌年の高松宮杯（現高松宮記念）を制し、デビューから史上最速日数での古馬GⅠ制覇を達成、さらにスプリンターズステークスも制し、スプリントGⅠ春秋制覇を初めて達成した名牝

(22) 歩幅のこと。人間では1歩、馬は1完歩という

(23) 今も平地、障害の両方に乗り続ける大ベテラン。穴馬でGⅠを勝って大波乱を起こすこともある。主な騎乗馬にコスモドリーム、ダイユウサク、エイシンワシントン、ステイゴールド、テイエムプリキュアなど

(24) GⅡを3勝し、GⅠでも5回掲示板に載るなど、1997〜99年の古馬中長距離路線における名脇役として活躍した

で5着だったんだけど、あの日、マヤノトップガンに騎乗した田原さんは、いつもとちょっと様子が違った。今から思うとあの時はもう覚醒剤をやっていたのかもしれないけど、言うことがいちいちすごいんだ。

「伸二、今日は天気もいいしパンパン（の良馬場）やぞ。俺、ハナなんか行かねえぞ。（上がり3ハロンで）33秒切るぞ」って。もう「勝つ」なんて言わないんだ。勝つのは当たり前みたいな感じで。

そしたら本当に俺のローゼンカバリーの横を大外から差し切って勝った。さすがに上がり33秒は切れなかったけど（実際は34秒8）、当時のコースレコードを一気に3秒近く更新する驚異的なタイムで勝っちゃったんだ。

正直、俺は「この人すげえ」と思った。なかなか自分の思うようにいかないのが競馬なのに、この人は有言実行というか、ピンポイントにおけるキレ味の鋭さはハンパじゃなかった。

あれだけの才能を持っていながらいろんな事件を起こしてしまったのは、あの人のどこかに「うぬぼれ」があったのかもしれない。事件を起こした後の田原さんをかばうつもりはないけど、あの時の田原さんは今の俺ぐらいの年齢だったから、〝今後〟についていろいろ悩んでいたのかもしれない。騎乗数も抑えていたしね。

いずれにしても、うぬぼれてしまうぐらいの高い実力を田原成貴は持っていた。

同じ騎手として、俺はああいう人のことを生粋のプロというのだと思う。まさに天才。なりたくて努力でなれるもんじゃない。そんな騎手は、今の競馬界にはいなくなってしまったけどね。

## 厩務員のおかげ

今の俺があるのは、田原さんのような騎手仲間だけではなく、厩務員さんをはじめとする、多くの人々の支えや教えがあったおかげだ。これは、第1章で「自分一人の力で勝っているわけではない」とか、さっき四位のところで話した「人間づきあいの『上手さ』も必要」ってことにも通じるんだけど、そうした感謝の念を持って振る舞えないようでは、いくら上手い技術があったとしても、誰も馬に乗せてくれないからだ。

たとえば、俺が北海道シリーズで連続リーディングを取っている頃だと、1レースについて平均で4～5頭ぐらいの騎乗依頼があった。その中から一番いいのを選ぶことができていたんだから、そりゃあ勝てるよね。その際の選択基準は、新馬戦以外なら前走が2着とかこれまでの成績がいい馬。ただ、よく依頼してくれる調教師《テキ》や馬主さんから頼まれた時は、その馬を優先して乗っていた。俺は義理人情を大切にしてきたからね。
今まで出した本にも書いてきたけど、デビュー以来、俺が一番世話になり、俺を育ててくれたのは、多くの厩務員さんだと思っている。

競馬学校を出たら師匠になるはずだった清田先生《テキ》（清田十一元調教師）が病気で勇退することになって、その一番弟子の境先生（境直行調教師[25]）の厩舎に入ることになったんだけど、実は1回断られている。あまりに競馬学校での素行が悪かったせいで面倒見切れないっていう理由で。

結局清田先生の計らいでなんとか入れてもらったものの、境厩舎にはすでに石橋さん（石橋守調教師・当時は騎手）がいたこともあって、俺は冷遇されたままだった。でも厩務員さんたちは俺がデビューした時に立ち上がり、石橋さんも新人賞（関西放送記者クラブ賞）を取っていたんだけど、それで「伸二にも新人賞を取らせてやろう」って必死になって支えてくれたんだ。

師匠の境先生が「これは石橋、これは伸二」と騎乗馬を割り振っている時、勝てそうな馬に「武豊」ってやっているのを、厩務員さんは、「守も伸二もいるのに、どうして武豊?」って全員で抗議してくれた。石橋さんも、「勝てる馬は伸二に乗せてやってくれ」って援護射撃してくれて。

それで厩務員さんたちが、「どうしても伸二を乗せんというなら、カイバ（競走馬の食糧）の世話から調教から何からなにまでテキがしてくれ」とまで言ってくれたので、俺が乗せてもらえることになったというわけ。例年15勝ぐらいの厩舎だったのに、みんなが「伸二を勝たせよう」と頑張ってくれたおかげで、1991年は26勝もできた。さらに、厩務員さんたちが他の厩舎にも俺を売り込んでくれたおかげで、新人賞だけでなく、JRA賞（最多勝利新人騎手賞）も取れた。

そんなにお世話になった境厩舎だけど、最後は追い出される形で辞めることになってしまった。丸々5年所属した1997年のある時、5頭の騎乗を頼まれたんだけど、すでに先約が入っていてその5頭のどれにも乗れなかったんだ。それがダメだったらしくて。自分は境厩舎の所属騎手だから、当然優先したい気持ちはあったんだけど、すでによその厩

(25) 清田の甥にあたる。1983年開業。主な管理馬にフレッシュボイスなど。藤田の最初の師匠である

舎から早めに依頼されていたので、断れなかった。さっきも言ったけど、俺は義理人情を大切にしていて、先約が入っていたら、たとえその後にもっと走る馬の騎乗依頼が入っても、先約を優先していただけなんだ。

その後、11年ぐらい境厩舎の馬は一切乗せてもらえなかったけど、デビューから18年目のこと。ある馬主さんが俺に乗せるよう希望してくれたおかげで、境厩舎から依頼が来た。それで「お久しぶりです。よろしくお願いします」って師匠にあいさつしに行ったら、「おう。頼むな。これからちょくちょく頼むことがあるかもしれないし」と言ってもらえ、今に至っている。

境厩舎時代、「勝っている新人」ということで他厩舎からの依頼も増えてきて、勝ったらその厩舎はもちろん、さらにほかの厩舎からも依頼をもらえるようになった。それが一因で境厩舎を離れることになったわけだけど、その後、いい馬に乗せてもらえるから勝つ、勝つからまたいい馬に乗せてもらえる——そうした好循環によって築かれた調教師・厩務員さんとの信頼関係が、俺の自信にもなってきた。

今の俺があるのは、間違いなく、その繰り返しのおかげ。そのきっかけを作ってくれた境厩舎の厩務員さんには、本当に今でも感謝しているんだ。

## 感謝の気持ちの表し方

だからこそ、俺に限らず、いろんな騎手が厩務員さんには気を遣って、飲みに行ったり飯に誘ったりしているけど、俺はそんなチマチマしたことはやらない。

たとえば毎年、函館で世話になっている厩務員さんを温泉旅館に呼んで、大宴会をやってきた。厩務員さん一人に対してコンパニオン一人をつけて、10分ごとに交代させて一通り全員と楽しくおしゃべりをしてもらう。で、最後の1時間ぐらいは東京の芸人さんとか、5人ぐらい呼んでショーをやってもらう。トータルで何百万円かかるけど、インパクトがあるから年に1回で済むしね。厩務員さんたちにも「伸二はやることがデカい」って思ってもらえる。

昔からそういう風にやりたいというのはあった。だって若い頃は毎日調教に乗っていたから、それで毎晩のように今日はこの厩舎の厩務員さんと2人と飲んで、明日はあっちの厩舎の厩務員さん3人と飯でも……となったら、休める暇がないからね。

大宴会には、若いかわいがっている後輩たち、ヒデ（武英智元騎手）とか、大作（松田大作騎手(26)）とかバヤシコ（小林徹弥騎手(27)）を呼んで皆に紹介して、「こいつらをよろしくお願いします。もしも何かあったら助けてやって下さい」ってあいさつしている。

それで、「俺は口下手なんでお世辞も言えないし、別にそれで『伸二に乗せてやらなきゃ』なんて思わなくてもいいんで。これは感謝の気持ちだから、楽しくやりましょう」と言って乾杯して、宴会に突入……というのが、いつもの流れ。

似たようなことをやっている騎手がいるかどうかは知らないけど、聞いたところでは、ノリちゃんはやっているみたいだ。ただノリちゃんはクラブを借り切るんだそうだ。俺は宴会もあるけど温泉も入ってゆったりして下さいって感じで。

金がいくらかかったかはどうでもいいし、感謝の気持ちとしてやっていることだけど、結局そういうことをすれば、厩務員さんたちは仕事で返してくれる。それがまたさらに次の仕事につながっていくというわけだ。

(26) 1997年デビュー。主な騎乗馬はタスカータソルテなど
(27) 1993年デビュー。愛称はバヤシコ。主な騎乗馬はニホンピロプリンス、ニホンピロジュピタ、グレイスナムラなど

# 第3章　「強い馬」とは何か

## ◎のついた馬が「強い馬」とは限らない

多くの競馬ファンと同じく、俺たち騎手仲間も、競馬専門紙やスポーツ新聞についている◎（本命）や○（対抗）、▲（単穴）といった印をよくチェックしている。乗る馬にいくつも◎がついていると、騎手としては本当にうれしい。だって、「そこまでの人気馬＝勝てそうな強い馬の騎乗を依頼されたんだ」と自信にもなるからね。

もっとも、競馬新聞ではその馬の過去の実績や血統、調教時計などに基づいて印がつけられているんだろうけど、『優馬』のように他の記者と同じ馬には◎をつけない新聞があって、そうなるといろんな馬に◎がついているから、乗っている側からすると、やる気が出ないことがある。もちろん、「この馬には能力があるのに、なんで◎がないんだろう」とか「全然◎がないけど、よし、やってやるぜ」という気持ちになることもあるけど。

その一方で、同じ馬に◎がいくつもついている『競馬ブック』のような競馬新聞もある。俺たちはそれを見て、「これは勝てる」と思ってテンションが上がったり、陣営がいいムードになったりすることもある。

しかし、いずれにしても、◎がついている馬が必ずしもレースで勝てるとは限らないってことは、みなさんもよくご存知の通りだ。

## 馬は本当にわからない

本番で走る「強い馬」を見極めるのに、「パドックの際、どこを見たらいいのか」とファンから訊かれることがある。たしかに調教師《テキ》は仔馬のころから長年見てきているから、その日調子のいい馬、悪い馬というのは判断できるかもしれない。でも、少なくとも俺たち騎手は「乗ってみないとわからない」っていうのが、本音だと思う。

「腹や背中のラインが……」といった全体的なバランスも、大雑把なところしかわからないし、パドックで歩いているのを見て「繫ぎ(1)が立っている」とか言われても、正直、それの何がいいのか悪いのかよくわからない。わからないから、地方競馬に行って馬券を買う時は、馬そのものの様子ではなく、上がりの時計や近走の着順とジョッキーの名前を参考

（1）馬の蹄から球節までの部分。地面に対して垂直に近い（立っている）と、着地時の衝撃が吸収できず、脚に大きな負担がかかるといわれている

にしているけど、ほとんど当たったためしがない。

かといって、調教の時に実際に乗ってみて、すごく動くから「これは新馬戦で勝ち負けになるぞ」と思ったとしても、実戦ではタイムオーバー[2]になったり、逆に調教も悪いし乗り心地も悪い馬が新馬戦を勝ったりすることもある。

そもそも競馬界の常識というか、一般論として言われていることについても、実際は異なるケースも多い。

たとえば、筋肉質で脚が短い馬が短距離向きの馬だと思われていて、逆に長距離向きの馬はスペシャルウィーク[3]とかトウカイテイオーのように、体が細くて薄っぺらく見える馬が多い。基本的に、ムキムキの体で長距離馬というのはなかなかいない。

しかし、走っている姿がどっしりしていて、安定感があるように見えたのに、２４００メートルの京都大賞典や３０００メートルの阪神大賞典を勝ち、３２００メートルの天皇賞・春を２回も制したテイエムオペラオー[4]のような馬もいる。

ダートと芝の適性についても、爪の形を見て判断すると言われていて、こうしたことをもって、「芝１８００メートルくらいが適正距離なんじゃないかな」と思っていても、実はダート向きの馬だった、なんてことはしょっちゅうだ。

## 日本競馬史上、一番強い馬は？

高い馬だから走るとは限らないし、その逆とも限らない。

かつて、4億なんぼしたエルジェネシスという馬に乗ったことがあって、新馬戦で惜敗したものの、確かに能力はあったから続く2戦目の未勝利戦では2着に2・6秒差をつけて圧勝した。でも結局、俺がエルジェネシスの強さを実感できたのはその1勝した時だけ。(5) 2000年のオークスを勝ったシルクプリマドンナのように、GIも勝てるような「強い馬」は、緒戦を馬なりなのに大差をつけてぶっちぎりの圧勝をすることが多いのも事実なだけに、今でも「あんなに走ったエルジェネシスがなんでかな」と思うこともある

(2) 芝コースの場合、1400メートル未満なら1着馬の走破タイムから3秒、1400～1999メートルなら4秒、2000メートル以上なら5秒離されると、タイムオーバーとなり、一定期間出走停止処分が科せられる

(3) 武豊騎手とのコンビで同騎手に初のダービー制覇をもたらし、天皇賞春秋連覇などGIを4勝。種牡馬としてもシーザリオ、ブエナビスタ、ローマンレジェンドなどのGI馬を輩出している

(4) 2000年の年度代表馬。同年に和田竜二騎手とのコンビで芝2000メートル以上の古馬混合GIを重賞8連勝で完全制覇し、「世紀末覇王」の異名を取った。世界最高収得賞金（18億3518万9000円）の記録は今も破られていない。04年、顕彰馬に選出

(5) そのあと3勝していったんオープン入りしたが、降級して準オープンで頭打ちとなり、大井に転出となった

けど、原因はよくわからない。

また、レースでスタートがうまくいって、最初の1ハロングらいまでは手ごたえも抜群で、その時点で「これはもう勝てる」とか「どんだけ離して勝つのかな」と思っていても、最後の直線に向いたらいきなり止まったり、全然伸びないということもあった。

だからこそ、馬は本番で「走ってみないとわからない」ともいうことができる。

ちなみに、「日本競馬史上、一番強いと思う馬は何か」って質問をよく受けるけど、仮に、有馬記念を2度制したユタカさん（武豊騎手）のオグリキャップ[6]と、俺がダービーを取らせてもらったフサイチコンコルドが競馬をしたら、どっちが強いのかというと、それは、「時代が違うからわからない」としかいいようがない。

長年騎手生活を送ってきて、たしかに「これは急に強くなったぞ」という感触通りに走るようになった馬もいた。でも、それで人気が高くなったといっても、やはりうまくいかないことも多い。俺らは10回乗って1～2回勝てればいい方で、10回乗って8回勝てることはまずないんだから、馬は本当にわからない。

ただ一つだけ、言えることがある。それは、結果論になってしまうのかもしれないけど、「強い馬」というのは、えてして「勝ちパターン」を持っているということだ。

### 別格だったディープインパクト

ディープインパクト(7)の場合、ケツから行っても3コーナーで外をマクっていけば勝てるという、明白な「勝ちパターン」があった。あれは本当に強い馬だけができる芸当で、騎手なんて関係ない。誰が乗っても勝てる馬だった。2着に4馬身差をつけて大勝した新馬戦のころから「何、この馬!?」って思っていた。とにかく、積んでいるエンジンが違った。「どう転んでも、この馬には勝てない」と最初から白旗上げていたから、とりあえず同じレースに出る騎手たちは、俺も含めてみんなディープの2着を狙っていた。道中でデ

(6) 武豊騎手と共に、第2次競馬ブームの主役となったスーパーアイドルホース。笠松競馬場で連戦連勝し、JRAに移籍して重賞6連勝、年末の有馬記念で当時の最強馬タマモクロスを3度目の対決で破り、遂に頂点に立つことができた。以後、競馬界の中心として、数々の名勝負を展開。2戦続けて惨敗し燃え尽きたと思われたが、引退レースの有馬記念で奇跡のラストランを見せ優勝、満場のファンからオグリコールを浴びたシーンは競馬史上最大の伝説。1991年、顕彰馬に選出

(7) 2005年、06年の年度代表馬。最後方を追走して3コーナーから進出して大外をマクり、直線で突き抜ける、武豊騎手の有名な評「空を飛んでいるような」勝ち方で、無敗のまま史上6頭目の三冠馬となる。その後もGⅠを通算7勝し、引退。種牡馬としても三冠牝馬ジェンティルドンナらを輩出して日本のエースとなっている。ファンの間で史上最強馬は何かという議論が行われれば、最も多くの票を集めるであろう名馬。08年、顕彰馬に選出

ィープのそばにいたら、逆に「邪魔せんように」って気を遣っていたほどだ。

しかし、同じ三冠馬でも、はっきりいってナリタブライアン[8]の時は太刀打ちできるかもしれないというか、どっかでボロが出るんじゃないかと思っていた。実際、１９９４年の京都新聞杯の時に騎乗したスターマンで、ナリタブライアンに土を付けているし。

ジェンティルドンナ[9]がぶっちぎって勝ったオークスだって、最後の直線だけで最後方からごぼう抜きしている。この「勝ちパターン」はディープインパクトと同じ。やっぱり持っているエンジンが違うし、そんな相手に対し、馬込みの中でセッコラセッコラやっていても、手綱を引っ張りきれないぐらいの勢いで差し切られたら、そら、やる気もなくなるわ、って。

ただ、ディープインパクトにしろ、ジェンティルドンナにしろ、両馬のような圧倒的かつ絶対的な能力を持つ馬は、それこそ何年かに1頭しか出てこないから、あくまでも別格として扱うべきかもしれない。

では、「強い馬」について考えた場合、一般論としてほかにその条件を満たす要素がないかというと、そんなことはない。逃げ馬＝最強説である。

## 逃げ馬は強い

以前からお世話になっている森先生《テキ》（森秀行調教師[10]）は、著書『最強の競馬論』（講談社現代新書）の中で「逃げて強い馬が最強」だと言い切り、ミホノブルボン[11]やサイレンススズカ[12]を例に挙げているけど、俺も基本的には同じ考えを持っている。逃げ馬は、好きなコースを最短距離で、しかも自分の好きなペースで走ることができるので、他の馬から進路を邪魔されることもない。最後までレースの主導権を握り続けているから、他の馬がどん

（8）史上5頭目の三冠馬となった1994年、有馬記念も制覇して年度代表馬に選ばれた。しかし、翌95年は天皇賞・秋（12着）、ジャパンカップ（6着）、有馬記念（3着）とGⅠ3連敗を喫し、96年、高松宮杯の敗退（4着）を機に引退。97年、顕彰馬に選出

（9）2012年、史上4頭目の牝馬三冠馬となる。ジャパンカップで古馬最強馬オルフェーヴルを破ったレースは記憶に新しいところ

（10）1993年開業。合理的な考えで知られ、海外や地方への遠征も積極的に行う。故障が少ないことでも有名。98年、シーキングザパールでモーリス・ド・ゲスト賞（芝1300メートル）を優勝し、史上初の日本調教馬による海外GⅠ制覇を達成した。他の主な管理馬にレガシーワールド、フジヤマケンザン、アグネスワールド、エアシャカール、キャプテントゥーレなど

（11）1992年の年度代表馬。デビューから7連勝、4戦目からはハイペースの逃走劇の連続で、皐月賞、日本ダービーを圧勝した。無敗の三冠制覇が懸かった菊花賞で2着に惜敗し、レース後故障が判明し、引退した

（12）多くのファンから、大種牡馬サンデーサイレンスの〝最高傑作〟とも言われる快速馬。古馬になった1998年、武豊騎手がハイペースで逃げて直線でもう一度突き放すという競馬に徹して一気に素質が開花、宝塚記念を含む6連勝で古馬の頂点に立った。しかし続く天皇賞・秋の4コーナー手前で突然故障し、惜しくも予後不良となった

な作戦を立てて挑んでも、通用しないからね。

では、どんな馬が逃げ馬に向いているのかというと、まずスタートが上手いことが絶対条件だけど、スタートがいくら上手くても逃げ馬に向いているとは限らない。

そもそも、俺はどの馬に対しても「絶対に同じ戦法で行く」と決めているわけじゃない。いくら逃げようと思っていても、他にもっとスタートセンスがいい馬がいればハナに立つのは諦めざるを得ないからね。

ただ、ショウナンカンプ(13)みたいにスタートのスピードがものすごく速い馬は、特別何かしなくても、気がついたら自然とハナに立っていたので、無理に下げなかっただけの話。つまり、結果的に毎回逃げる形になっていたけど、それは何も「絶対に逃げてやる」と思って逃げていたわけではないんだ。

マルゼンスキー(14)でも、さっき例に出したミホノブルボンやサイレンススズカでも、スタートが上手いだけじゃなくて、スピードの絶対値が違っていたからこそ、自然と逃げる形になっていただけで、彼らは決して「逃げなければダメ」というわけではなかったと思う。

その時代、時代において最強の称号を得てきたシンボリルドルフ(15)も、メジロマックイーン[16]も、ナリタブライアンも、エルコンドルパサー[17]も、ウオッカ[18]もそうだが、絶対的に強い馬はみんな早め先頭で押し切る競馬ができるし、したことがある。ディープインパクトにしても、ソラを使う（先頭に立つと走る気を失うこと）心配がなくてスタートがいい馬だったら、おそらくマルゼンスキーやサイレンススズカのように、ハナに立って逃げ切る競馬をしていただろう。

もっとも、海外はゲート試験とかがないから、基本的に日本馬の方がスタートは速い。

(13) スプリント路線で活躍し、高松宮記念を逃げ切り、他にスワンステークス、阪急杯なども勝利
(14) 持込馬のためクラシックに出走できず、他のレースで8戦8勝、合計着差が61馬身というケタ違いの能力と出自から、「スーパーカー」と呼ばれた。種牡馬として大成功し、父系が絶えた現在でも、スペシャルウィークの母の父として、シーザリオやブエナビスタなどにその血を伝えている。1990年、顕彰馬に選出
(15) 1984年、85年の年度代表馬。岡部幸雄騎手とのコンビで史上初めて無敗の三冠馬になるなどGIを計7勝し、圧倒的な強さと名前から、「皇帝」の名で呼ばれ畏敬された。種牡馬としてもトウカイテイオーなどを輩出した。87年、顕彰馬に選出
(16) 1990～93年にかけて4年連続でGI勝利するなど、長きにわたって競馬界に君臨した名馬。現在もドリームジャーニー、オルフェーヴル、ゴールドシップなどの母の父として、その圧倒的なスタミナとスピードを伝えている。94年、顕彰馬に選出
(17) 1999年の年度代表馬。同年、フランスに遠征し、2戦目のサンクルー大賞典で、日本調教馬として史上初めて芝2000メートル以上での海外GI勝利を達成した。凱旋門賞でも勝ち馬モンジューより3・5キロ重い斤量で2着に逃げ粘り、現在も国際的な評価が最も高い日本馬の一頭である。種牡馬としてもソングオブウインドなどを出したが、惜しくも早世した
(18) 64年ぶりの牝馬によるダービー制覇、宿命のライバルと言われたダイワスカーレットとの死闘、7馬身差の圧勝となったヴィクトリアマイル、前がふさがる絶体絶命のピンチから差し切った安田記念など、数々のドラマチックなレースで競馬界を盛り上げた名牝。2008年、09年の年度代表馬。11年、顕彰馬に選出

ディープインパクトですら、ヨーロッパではロケットスタートと言われたんだからね。それくらい、ヨーロッパなんかはゲートが開いてから飛び出すまでに一拍あるんだ。ヒルノダムールで凱旋門賞に出た時なんか、日本馬の2頭のスタートが断然速かった。だから日本の強いスプリンターの逃げ馬を連れて行けば、たとえフランケル(19)みたいな怪物が相手でもスタート直後にハナを奪って逃げを打つことは難しくない。最終的に勝てるかどうかは別問題だけどね。

## 誰が乗っても勝てる馬

2012年11月のキャピタルステークスで、18番人気のヤマニンウイスカーに騎乗した工真《たくま》（伊藤工真騎手(20)）が逃げ切った(21)けど、あれは、後ろにいる騎手たちが「人気がないし、どうせ勝手に下がってくるだろう」と思って後ろで牽制しあっているうちに、何もさせないまま、ゴールを駆け抜けてしまうという、逃げ馬の強みが発揮されたレースだった。

工真にしたら「してやったり」といったところだろうけど、周りの騎手にしてみれば、作戦にやられたというか、「まさか」と思ったに違いない。なにしろ、最低人気のノーマーク馬だったんだから。でもあのレースはけっしてスローペースじゃなかったから、ヤマニンウイスカーの持っている意外な強さを引き出した、工真の好騎乗だったといわざるをえない。

俺もローレルゲレイロ(22)やトランセンド(23)、ショウナンカンプといった馬で何度も逃げ勝っている。しかし、いくら逃げ馬＝最強とはいえ、乗り役の俺にしてみれば、実のところ、逃げってあまり好きじゃないんだ。

どちらかというと、俺は中団より後ろぐらいから前の馬の動きを見て、手応え通りに直線回ってきてビューンと突き抜ける差し馬の方が好き。というのも、逃げ馬に乗った時は他の騎手から「これは逃げるぞ」とマークされるわけだし、「いつかわされるのか」と常にドキドキしてなきゃいけない。すごく競ってくる馬がいるから「せっかく逃げていたの

(19) イギリスの競走馬。2010年から12年にかけて活躍。その圧倒的な強さから、世界最強と呼ばれた名馬。ワールド・サラブレッド・ランキングでも歴代屈指の評価を与えられた。無敗のまま引退し、種牡馬入りした
(20) 2008年デビュー。10年、全日本新人王争覇戦に優勝した、若手の成長株の一人
(21) メインのジャパンカップの前の第9レースで、ヤマニンウイスカーがマイペースで逃げ切り、単勝397・4倍の大穴をあけ、3連単496万馬券、WIN5で2億円がついた
(22) スプリント路線で逃げに徹し、高松宮記念、スプリンターズステークスを勝ち、春秋スプリントG1制覇を達成
(23) ダート路線でG1を3勝、交流GIを1勝するなど大活躍した

に、もう追いついて来たの？」と思って振り返ったらカラ馬（騎手が落馬した馬）で、「人乗ってねえじゃねえか！（笑）」みたいなことが何度もあった。

もし、同じ芝のスプリント路線で戦ってきたショウナンカンプとローレルゲレイロが競走したら、どっちがハナに行くんだろう。自分の感覚ではショウナンカンプの方が全然スピードがあるから、ショウナンカンプの方がハナに行くだろうな、とかそういう想像をすることはできるが、対するローレルゲレイロには春秋スプリントGIを制覇した実績がある。だから、どちらが「強い馬」かということになったら、やはり全然わからない。

ただ、乗っていてラクだったのはショウナンカンプ。ゲートもおとなしいし、手綱をぷらんぷらんさせても、タテガミを持っていればいい。ゲートを出たら手綱を持っているだけで勝手にハナに立っちゃうし、4コーナーまで馬の行く気に合わせて乗っていれば、そのまま逃げ切ってしまう。まさに「つかまっている」だけという感じで、正直、誰が乗っても勝てたと思う。

つまり、ディープインパクトと活躍した時代も適正距離も残した実績も異なるものの、ショウナンカンプは「逃げる」という「勝ちパターン」を持っており、なおかつ「誰が乗っても勝ったと思う」という意味においては、やはり「強い馬」だったといえるのは間違いない。

## 血統と手厚い環境

「強い馬」を見極める基準として、血統をあげる人も多いかもしれない。

でも、熱心な競馬ファンと違って、俺の場合は馬の血統というのはほとんど気にしない。結局乗ってみた感触がよかったり、実際にレースで走ってみたりしないことには、「馬はわからない」というのが俺の考えだからね。

たしかに、サンデーサイレンスの子が出てきた時には衝撃だった。

サンデーサイレンスは種付けした繁殖牝馬の血統が飛び抜けてよくなくても、基本的にどの子もよく走ったので、未勝利のまま終わる馬はほとんどいなかった。かつて地方競馬あたりでは叩いても動かないようなズブい馬が多かったけど、サンデーサイレンス以降、全般的に馬のフィジカルが違ってきたのは事実。

ちなみに今、ディープインパクトの子が走ると言われているけど、サンデーサイレンスの子とはまったく話が違うと思う。なぜなら、ディープインパクトは種付け料が高い分、走らない繁殖牝馬（肌馬）とは交配させられない。いい馬をつけているのだから、走らない馬が出て来るわけがないんだよ、基本的にはね。つまり、ディープインパクトの子だから走るんじゃなくて、肌馬がいいから走るんじゃないのってこと。ただ、昨年秋の新馬戦で乗ったローゼンガルテンなんか、父がディープインパクトで、母が重賞（デイリー杯3歳ステークス・GⅡ）を勝っているロゼカラーの子だから、「どれだけ走るのか」と期待しているんだけど、まだ勝てていないようなこともあるから、やっぱり血統はそれほど気にしないんだ。

血統よりはむしろ、サンデーサイレンスの子たちが競馬界を席巻したのとちょうど同じころから、馬を取り巻く環境が大きく変わってきたことのほうが、最近の馬をパワフルにさせた理由としては大きいと思う。

## サプリメントに水素水

そもそも、昔とは馬の食べ物がまるで違う。

かつてカイバといえば、エン麦や豆、油粕、乾し草などを交ぜ合わせただけの、基本的にはどの厩舎も同じようなものだった。でも今はリンゴだ、バナナだ、サプリメントだと、「強い馬」を育てるべく、厩舎によって本当に工夫している。何がどのくらい入っているか、その配合を企業秘密にしている調教師もいて、「カイバだけは調教助手にも触らせない」なんて厩舎もある。

馬ってニンジンが好きだと思うでしょう？　でも実は、ニンジンを食べない馬の方が多い。なぜかというと、お金のない厩舎ではニンジンを買ってあげないから。厩務員が自腹で買ってきて食べさせようとしても、そもそも馬はニンジンの味を知らないので、食べない。だから、細かく切って徐々に味を覚えさせなければならない。

厩舎によってはその真ん中に1000万円ぐらいする機械をドンと置いて、馬に水素水を与えている。ヒルノダムールがフランス遠征した時は、水素水の小型の機械を持って行って与えていたほどだ。

汚い話だけど、馬って基本的に草食動物だから、馬のウンコなんて、昔は乾燥したら全然平気で触ってポイするとか、手でも触れるくらいのものだった。ところが今は違う。たとえばある厩舎の馬がウンコをすると、サプリメントなども含めて、食べ物が人間に近いものになって独特の臭いがするから、触れない。

馬の暮らす環境もずいぶん変わってきている。俺がデビューした頃は、どの厩舎も寝藁だったのが、おがくずチップになってきたりとか、半分は寝藁で半分はチップだったりとか。厩舎自体が総檜作りとか、夏はミストが飛ぶなど、冷暖房完備なんてところもある。

昔からレースが終わると疲労回復の点滴みたいに注射を打ってやる厩舎もあるんだけど、それは1本2万円する。馬主に請求するんだけど、それに加えて今は馬にマッサージをさせる馬主もいる。そんな環境の変化が、今の競馬の現場では起きているんだ。

だから厩舎によって預託料が違ってくる。前は1頭あたりの平均月60万円だったけど、高いところでは月100万円もかかる厩舎もあると聞いている。

## 人間のアスリート並みの馬具

馬具も近年はだいぶ進化を遂げている。ファイテンの肢巻き（バンデージ）やらネックストラップまであって、もう人間のアスリート並み。

以前、ある厩舎にカートゥーンという馬がいて、初戦を3コーナーからマクって圧勝した。性格が借りてきた猫のようにおとなしい馬で、帰ってきて、「この馬はいいところ行きますよ、絶対重賞を勝てますよ」って先生にも言ったんだ。

ところが2戦目に乗ったら、驚くほど気性の荒い馬になっていた。なぜか。

その先生はいろんな道具（メンコ、ブリンカー、シャドーロール、チークピーシーズなど）に頼って、馬をおとなしくさせようとすることが多い。レースで勝てる「強い馬」にするために、なんとか馬の集中力を高めたり、恐怖心を克服させたりしようと、そうした道具を着けているんだろうけど、馬によっては嫌がり、イライラしてレース前から汗だくになって、とても競馬どころじゃなくなってしまうものもいるんだ。

2戦目の結果は4着で、3戦目も6着。俺は思わず「もともとおとなしい馬だったのをこんな風にしたのはあんたらのせいだぞ」とキレたので、それから7〜8年ぐらい、その厩舎からは「藤田は乗せない」となってしまったけどね。

ただ、カートゥーンは俺が主戦を離れたあと、調教助手とかが直したら、準オープンを勝つところまでは行っている。要は、道具も使いようだよ。矯正道具に頼ってもそれだけで馬が変わりはしないだろうし。

メンコも肢巻きも一切しないで、本来の馬の有りのままの姿で走らせようという調教師もいれば、やたらと道具に頼ってとっかえひっかえする調教師もいる。アメリカには多いタイプで、現に初ブリンカーや初チークで激走する馬はいるから、馬を覚醒させるためには必要なのだろう。でも、大事なのは、それをいつ使うのかというタイミングだと思う。

## 強い馬は「最後のひと伸び」が違う

俺はもう調教師を目指していないから、調教については特別、持論といったものを持ち合わせていない。レースで競馬を教え込むことしか、できていないからね。

ただ、これは俺に限らず、どの厩舎でもやっていることだけど、調教で作っていた（馬に教えていた）ことのひとつに、「手前を替える」ということがある。

馬が右前脚を先に出して走ることを「右手前」、左前脚を先に出して走ることを「左手前」という。コーナーでは遠心力がかかるので、右回りのコースではスタートから3コーナーまで右手前、左回りのコースの場合は左手前で走るのが一般的だ。馬それぞれによって右手前・左手前の得手・不得手がいるし、ずっと同じ手前で走っていると馬は疲れてしまう。そこで最後の直線に入ったところで「もうひと伸び」させるために、騎手は馬の手前を替えようとするんだけど、頑として手前を替えない馬も多い。だから、調教の段階から馬に手前を替えることを教えている。

でも中には、オルフェーヴルのように自ら手前を替えることで、最後にグイっとひと伸びする馬がいる。凱旋門賞の最後、オルフェーヴルはヨレてラチにぶつかっているけど、その時、何度も手前を替えている。直線に入って相当苦しかったんだろうけど、最後の力を振り絞ろうと必死に走っていたんだと思う。

もちろん、オルフェーヴルのような、競馬を知っている馬ばかりではない。

だから、栗東には、ゴール板を過ぎたところでもう一度追い出して、そこで「もうひと伸び」させるための調教をしている厩舎がある。これは、ゴール直前で競り合っている馬が、最後の最後に手を抜いてしまわないための教えだという。

逆に、美浦のある厩舎なんかは、調教の時、ゴール前では必ず馬なりで流している。そのかわり、実戦では「殺すぐらい（の勢いで）叩いてこい」って言うんだよ。馬をビックリさせて「最後のひと伸び」をさせようとしたり、あるいはその週に使う馬を併せ馬にして、絶対に先着させたりしている。

別の調教師は、ゴール板を過ぎても追うのを毎週やっていると、馬は頭がいいのでゴールを覚えてしまうから、そうならないように毎回ゴールの位置を変えている。

いずれも勝負根性のある「強い馬」を育てるためで、厩舎は日々、試行錯誤を繰り返しているんだ。

## 騎手にできること

では、馬の能力を最大限引き出し、勝てる「強い馬」にするために、騎手にできることはあるのだろうか。

俺の場合は、まず、危険を及ぼすくらい暴れたりした時はさすがに「コラ」って怒鳴りつけたり叩いたりするけど、基本的に馬に対して怒るようなことはしない。

というのも、馬は騎手の言葉は理解できなくても、人間の口調でその人が怒っているか、やさしくしてくれているかはわかっていると思うから。だから、俺は極力怒らずに口笛を吹いたり話しかけたりして、馬をリラックスさせるよう努めている。

ちなみに、競馬の施行規程では、「馬場に出た馬を、審判台の前を常歩で通過させなければならない」と明記されている。だからこそ一流ジョッキーはみんな返し馬には人一倍、気を遣っているんだけど、ノリちゃん（横山典弘騎手）なんかはレース本番の返し馬の時にもしっかり教育している。

たとえば若い馬は競馬場を訪れた多くのファンに驚いて、物見をすることがよくある。特にGIでは本馬場入場の際、大歓声が起こるから、若い騎手なんかは、いきなりキャンター（軽い駆け足）でスタンドから離れていってしまう人が多い。でも、ノリちゃんは、あえてゴール板の前に連れて行く。今後のことも考えて、レースが始まる前、大歓声に慣れさせようとしているんだ。引っかかりやすい馬だったら、なだめて自分の言うことを聞かせるように導いたりもしている。

## 馬の追い方

競馬関係者の間では、最後の直線に来た時、鞍上の騎手が激しく手綱を引っ張ったり押したりしてしごくことを「馬を追う」と表現する。激しくしごくジョッキーを「豪腕」と賞賛する人もいる。はたして、馬を追うと本当に走るのか。

結論から先に言ってしまうと、たしかに道中では馬を「追う」んだけど、ゴール直前に限って言えば、馬は弓矢のイメージで「引き上げてやって放す」ものだ。

「デットーリ（ランフランコ・デットーリ騎手(24)）が追うと6馬身は伸びが違う」なんてこ

(24) イタリア出身。愛称はフランキー。世界でも1、2を争う名ジョッキー。1994年から大馬主でも知られるドバイのシェイク・モハメド殿下と専属契約を結んでいたが、現在は解消している。主な騎乗馬にバランシーン、ラムタラ、スウェイン、シングスピール、デイラミ、ファンタスティックライト、マリエンバード、ファルブラヴ、ドバイミレニアム、エレクトロキューショニスト、アルカセット、ウィジャボード、オーソライズドなど

とがよく言われるけど、それもおかしい。確かに彼は技術もすぐれているし、無難に乗りこなすだけの腕もある。けれども、同じ馬なら、ジョッキーのレベルによほどの差がない限り、何馬身も大きな違いが出るわけがない。

第2章でも触れたけど、2012年のジャパンカップでジェンティルドンナに騎乗した康誠《やすなり》（岩田康誠騎手）が、馬の背中にトントンと尻をつけるような、下半身を使った追い方をしてオルフェーヴルを差したことを、「怒濤の追い方をしたから伸びた」と周りは讃えていたけど、俺から見たら、「なんであんなオーバーアクションで追わなくちゃいけないの？」と不思議でならない。

**馬の「邪魔をしないこと」が大切**

なぜなら、馬の能力を最大限引き出すための騎手の「大事な役割」というのは、いかに背中で静かにして馬の邪魔をしないかだし、俺は馬の邪魔をしないことこそが、一番馬を伸ばせると思っているからなんだ。

考えてみてもらいたい。もし自分が馬の格好をして、背中に赤ん坊を乗せて走るとしたら、やっぱり背中で暴れられるのは嫌でしょう？　単純なことなんだ。馬の気持ちになって考えたらわかる、と俺は思う。

2012年10月の長岡京ステークスでシャイニーホークに騎乗した際、競り合った竜二（和田竜二騎手）はハミ(25)をかけて必死で追っていたけど、俺はゴール直前になって手綱をしごくのをやめ、馬の口と首をフリーにした。ハミをかけられていた馬（ウエストエンド）はもう首が上がらずいっぱいいっぱいの状態だったけど、こちらは最後の最後、馬の首を摑むようにしていた両腕の力をなくすことで、アタマ差でかわせた。

今年2月の千里山特別で、オマワリサンで勝った時もそうだった。最後の直線で先行する馬をとらえたけど、ゴール直前で外から並ばれてしまう。そこで、シャイニーホークの時のように手綱を放すことが、最後のひと伸びにつながった。

他の騎手はどう思っているかわからない。繰り返しになってしまうけど、少なくとも俺の場合、馬っていうのは鞍上で暴れるようにして追うものじゃない、と考えている。馬の邪魔をしないことが、馬にとって一番自然で、走りやすいんだ。

そして、最後は弓矢を放つイメージ。これは第2章でも話した通り、田原さん（田原成

(25) 馬具の一種。馬の口に含ませる鉄製の棒状の道具で、手綱とつながっている

貴元騎手)がフラワーパークで熊沢さん(熊沢重文騎手)のエイシンワシントンをハナ差で差した時、最後のゴール直前で手綱を緩めてグンと放したことから学んだことでもある。

俺がこれまでに何度も「カッコよく」とか「美しく」乗るって言っているのは、何も自分の見た目だけを意識して言っているのではない。どんな競技でもそうだけど、完成された形というものは美しい、ということ。

馬の邪魔をしないことが、「カッコよさ」とか「美しさ」につながると思うし、最終的には馬の「強さ」を最大限引き出すためにも必要なことだと俺は信じている。

# 第4章　なぜ武豊は勝てなくなったのか

## 決して衰えたわけじゃない

2012年秋のマイルチャンピオンシップ。レースの後、勝利騎手インタビューが行われたウイナーズサークルの中央には、久しぶりの笑顔があった。サダムパテックに騎乗したユタカさん（武豊騎手）が、約2年ぶりにGⅠを勝ったんだ。

「お久しぶりです」「つらいこともありましたけど、応援してくれる皆さんに結果で応えたいと思っていたので、勝ててよかったです」

俺はもう家に帰っていたから、そのインタビューはテレビで見たんだけど、何だかとてもさびしく感じた。

あの武豊をこんな状態にしたのは誰なのか――。

ユタカさんは昔から、実は感情の起伏があっても、マスコミや人に対しては真っ直ぐで喜怒哀楽を出さない。その辺、俺なんかすぐ出すけど、あの人は本当に紳士なんだ。

そんなユタカさんは俺にとって、昔からその実力を認めざるを得ない、「大きな存在」

だった。あの人がすごいのは、俺が一番乗れている（勝っている）２００２～07年にかけて、毎年１００勝以上していたのに、あの人は１３０～２１０勝も勝っていたってこと。06年なんて、俺は１２７勝しているのに、１７８勝したユタカさんに次ぐ全国リーディングの2位……。いくら乗っても1位になることができず、さすがに心が折れそうになった。だから、ユタカさんはボクシングのチャンピオンのように別格とすれば、実質、俺がランキング1位みたいなものだろうって割り切って考えるようにしたら、少し気持ちがラクになったけどね。

その後のユタカさんの状況は、みなさんご承知の通り。例年１００勝以上は当たり前だった成績が、２０１０年以降は50～60勝にまで下がってしまった。05年と06年にそれぞれ年間6勝していたＪＲＡのＧⅠも、12年はこのマイルチャンピオンシップしか勝つことができなかった。

勝ち星が減ってくると、どうしても「勝てなくなった」とか「あいつは終わった」などと言われてしまい、悪いイメージが定着しがちだ。そういった悪いイメージがいったんついてしまうと、今度はいい馬が回ってこなくなり、そんな悪循環にハマッた騎手……というふうに見られてしまう。たしかに実力の世界なので、やむを得ない部分はあると思うけど、ユタカさんに限っていえば、たとえば地方競馬の重鎮・石崎さん（石崎隆之騎手[1]）のように、年齢的に衰えたから、といったことは絶対にない。

衰えたり、上手く乗れなくなったりした人が、たとえ1勝とはいえ、GIを勝てるはずがない。ご本人から聞いたけど、石崎さんはもう「リーディングを狙う」とか「いっぱい勝ちたい」といったガツガツした気持ちがないんだ。

**騎手と調教師の関係が希薄になった**

冒頭の話に戻るけど、マイルチャンピオンシップで、どういう経緯があってユタカさんの元にサダムパテックの騎乗依頼があったのかと言えば、あれは前走の天皇賞・秋で乗り味がよくて、かなりの手応えがあり（結果は8着）、ユタカさんのほうから「可能ならもう一度乗りたい」と申し出たらしい。

やっぱりそこは武豊でしょう。馬主だって、あの武豊にそう言われたら、そりゃあ、ね。そこがユタカさんと俺との違い。俺が頼んだところで、「何言ってる!?」となっちゃう。だから俺はそういうことは言わないけど。

では、ここ数年、なぜユタカさんが勝てなくなったのかというと、単純にいえば強い馬に恵まれるか、恵まれないかという点に尽きるわけで、それは、序章でも簡単に触れたエージェント制度と密接に関連してくる。

エージェント制度の具体的な説明に入る前に、まず、以前は騎手の乗る馬がどうやって決まっていたのか、簡単に話しておきたい。

かつては騎手の大事な仕事に、「営業」ともいえる各厩舎への「厩舎回り」があった。毎週金曜、その週末に騎乗する馬の厩舎を回って、レースの時に着る勝負服を取りに行くんだ。「よろしくお願いします」って、あいさつをしながらね。そうやって土日で20頭乗るなら、20着の勝負服を自分で受け取ってから、レースが開催される競馬場の調整ルーム（終章参照）に持っていく。勝負服のデザインや模様っていうのは、オーナーによって決まっていて、だから、出走機会のたびに、借りたり返したりするもんなんだ。

それで土日の競馬が終わると、また一つひとつ丁寧に厩舎を回って、「ありがとうござ

（1）　1973年デビュー。船橋競馬場を中心に活躍し、87年から15年連続地方競馬リーディングに輝くなど、一時代を築いた地方競馬きっての名手。JRAでもワールドスーパージョッキーズシリーズ優勝などの輝かしい実績を持つ。主な騎乗馬はトムカウント、イシノサンデー、サプライズパワー、アブクマポーロ、トーシンブリザードなど

いました」と言いながら勝負服を返しに行っていた。それが基本だったからね、若い頃は。

そういう勝負服の受け渡しの際、調教師《テキ》とコミュニケーションをとることができるので、その時に「来週はここを使うから」というような話も直接してくれていた。だから、厩舎回りの時には、常に『競馬ブック』の番組表のところだけを破ってズボンのポケットに入れて持ち歩き、絶えず番組表とにらめっこしながら、そこに今度乗る馬や厩舎の名前とかを書き込んでいた。

こんなふうに騎手たちは番組表を持って、自分で厩舎回りしていたけど、今や騎手と調教師の関係は、すっかり希薄になってしまった。競馬場でしか会わないんだよ、調教師には（最近、自分がレースでしか騎乗をしてないというのもあるけど）。

つまり、朝の調教なども含めて一生懸命厩舎回りをすればするほど、騎手の腕がよければよいほど、いい馬が回ってきて勝つことができたんだけど、騎手の騎乗馬選択などの業務を行う人（エージェント）をJRAに届け出なければならない制度が導入された2006年5月以降、状況が一変したというわけ。

ちなみに、ユタカさんの成績のピークは2005年の年間212勝。以後、右肩下がりが続いているのは、決して偶然なんかじゃないんだ。

## エージェント制度のしくみ

エージェントというのは、日本語でいえば騎乗依頼仲介者のこと。契約を結んだ騎手の代理として、馬主や調教師から騎乗依頼を受けつつ、その騎手の騎乗馬を調整することを、おもな仕事にしている。

もともと、全盛期の岡部さん（岡部幸雄元騎手）が1990年代半ばから後半にかけて年間騎乗回数が約650になり、どのレースでどの馬に乗るのか、殺到する騎乗依頼をさばくことが大変になってきたため、旧知の競馬専門紙記者にスケジュール管理を頼むようになったことが、エージェント制度の始まりとされているようだ。

いわば自然発生的に現れたスケジュールの〝調整役〟を利用する騎手が、徐々に増えてきた。だから、騎手と正式な契約をする〝エージェント（騎乗依頼仲介者）〟として、JRAに届け出なければならない制度が始まったのが、2006年5月、ということになる。

本来、騎手の負担を軽減することが目的で始まったエージェント制度だけど、その問題点というか弊害が出てきている。

今、JRAに登録し、実質稼動しているエージェントは約20人いて、そのうち15人ほどが競馬専門紙の現役記者。残りの5〜6人が元記者だという。その名前は美浦、栗東のトレセン内にしか公示されていない。そんな不透明な制度だから、競馬ファンにはどの騎手がどのエージェントと契約を結んでいるか、よくわからない人が多いと思う。

彼らエージェントは契約した複数の騎手を天秤にかけていて、どの騎手に一番走りそうな馬を任せるか、選んでいる。

俺がつまらないのは、エージェントの実績や力加減、契約している騎手の序列を見れば、毎年1月1日の段階で誰がその年のリーディングを取るか、だいたい見当がついてしまうってことだ。

もともと競馬専門紙の記者には、それぞれ長年の取材を通じて親しくなった馬主や調教師がいる。だから、強い馬を多く輩出する馬主や、それを手掛ける調教師に食い込んでいる記者（エージェント）の元には、より強い馬の騎乗依頼が数多く届く。

別に、エージェントと契約しなくても、従来どおり調教師などから騎乗依頼を受けて乗っている騎手もいる。今でも厩舎に所属している騎手はいるからね。

でも、エージェントの力がますます大きくなる中で、調教師が騎手に強い馬の騎乗依頼を直接したら、そのことをおもしろく思わない人たちもいる。あとで改めて話すけど、エージェントと一部の有力馬主との関係は密接だから、もし調教師がエージェントを介して馬主の意向を確認せず、勝手に騎手に騎乗依頼したら、その厩舎には強い馬が入ってこなくなる可能性だってある。

だからこそ、騎手としては、そうした「力のあるエージェント」と契約を結ぶことこそが、手っ取り早い勝利への近道ともいえるんだ。

## エージェントの力がすべて

ところが、騎手がいくら「力のあるエージェント」と契約したいと思っても、その希望はなかなかかなわない。なぜなら、一人のエージェントは、騎手3人と減量騎手(2)1人までしか担当できない規則になっているからだ。

エージェントと騎手との間にも、長年の取材を通じて培われてきた「人間関係」があ

(2) まだ勝利数が少ないために斤量のハンデをもらえる騎手のこと

る。狭い競馬界のムラ社会において、これまでさんざん世話になってきた記者（エージェント）をバッサリ切って、新たな人と契約を結ぶなんてことは、なかなかしづらい。さらにいうと、有力なエージェントとしては、確かな実力や実績があるからこそなかなかモノを言いづらいベテランより、その次点のレベルの中堅・若手騎手のほうが扱いやすいということもあると思う。

だから、結果としてユタカさんのもとには、決して力が衰えたわけでもないのに、昨年リーディングを取った浜中（浜中俊騎手③／42ページ【図表2】参照）が乗っているようなレベルの強い馬がなかなか回ってこず、近年の成績悪化に結びついているんじゃないか。

その一方で、さほど技量があるわけでもないのに、エージェントの力でいい馬に乗せてもらった騎手が勝っているという現状が、今はある。昨年は浜中が頑張ったけど、今年も現状からすれば、やはり浜中か祐一（福永祐一騎手）あたりがリーディング1位になるんじゃないか。

以前は、競馬において重要なのは「馬七分人三分」って言われていた。レースに勝つのは、馬の力が7割で残りの3割は騎手の技量によるっていう意味なんだけど、誤解をおそれずに言えば、今は強い馬に誰を乗せるのかを決める「エージェント十分」と言っても、決して大げさではないような状態に陥っている。

いずれにしても、ここで問題なのは、まだ経験が浅くて調教師や馬主にも知り合いが少なく、力のあるエージェントとも契約できない若手騎手たちの活躍するチャンスが、少なくなってしまっているってこと。昔のように一生懸命仕事をしても、強い馬に乗れるとは限らないし、仮にうまく結果を残せたとしても、まるで使い捨てにされるかのように中堅騎手や外国人騎手に乗り替わりを命じられるパターンが、なんて多いことか……。

だからといって、俺はエージェントをやっている記者の人たちが悪いなんていうつもりは、これっぽっちもない。悪いのは、こんな問題の多いエージェント制度を野放しにしているＪＲＡだ。

(3) ２００７年デビュー。09年50勝、10年69勝、11年86勝と順調に勝利数を増やし、12年に初めて全国リーディングを獲得した。主な騎乗馬はスリーロールス、イタリアンレッド、エピセアローム、マジンプロスパー、ショウナンマイティ、グレープブランデーなど

## 次々と降ろされる騎手たち

ユタカさん、ノリちゃん（横山典弘騎手）、四位（四位洋文騎手）といった一流どころの場合、そのレースはもちろん、次以降のレースも考えて騎乗している。いまの若手騎手たちも経験を積んでいく過程で、そうしたノウハウを学んでいるはずだ。ところが、エージェントや、エージェントと直接交渉している大手クラブなどの馬主とかが、目先のレースを勝つことだけ考えて、安易に外国人騎手に乗り換えさせるケースが続発していることも、今の競馬界では大きな問題だと思う。

俺はね、別に外国人騎手が悪いなんて、一言も言ってない。そりゃ来る者拒まずのシステムがあれば来るって、彼らは。だってそうでしょう。稼がせてくれる場所があれば、この時代、誰だってどこへでも行く。やっぱり悪いのは、JRAの作ったシステムなんだ。

たとえば、昨年秋に開催されたベゴニア賞。ミルコ（ミルコ・デムーロ騎手）が乗って勝ったロゴタイプは、もともと一誠（村田一誠騎手）[4]がずっと乗っていた馬なんだよ。一誠は、毎日美浦に通って調教にもつきっきりで、デビュー前から「この馬は走る、絶対放したくない」ってホレ込んでいた。ベゴニア賞の前の札幌2歳ステークス（GⅢ）では逃げを演じたけど、それはスピードがある馬だし小回りだから逃げたのであって、飛ばすぎみたいな間違った騎乗はまったくしていない。

なのに、すぐにクビを切って、はい、ミルコが来ましたと言って替える。

ベゴニア賞の後、ミルコが乗ったロゴタイプは朝日杯フューチュリティステークスや皐月賞（いずれもGI）を勝っているけど、エージェントや馬主は、一生懸命やってきた一誠の気持ちを何だと思っているんだろう。

もっとわかりやすい例を出そうか。

オルフェーヴルのフランス遠征（フォワ賞・凱旋門賞）では、デビューからの全14戦に騎乗し、GIを5勝も挙げている謙一（池添謙一騎手[5]）が、あっさりクビになってスミヨン（クリストフ・スミヨン騎手[6]）に替えられたじゃないか。それでフランスから戻ってくると、ジャパンカップではまた謙一に依頼した。もし俺が謙一の立場なら、絶対にそんな依

（4） 1997年デビュー。主な騎乗馬にビッググラス、サンアディユ、アドマイヤジュピタ、ヴィーヴァヴォドカなど

（5） 1998年デビュー。特に追い込み馬に乗った時に上手いというイメージが定着している。2011年、オルフェーヴルで三冠と有馬記念を勝つなどGIを6勝し、名実ともにトップジョッキーになる。他の主な騎乗馬はアローキャリー、デュランダル、スイープトウショウ、トールポピー、ドリームジャーニー、カレンチャンなど

（6） ベルギー出身。世界屈指の手腕を持つ名ジョッキーだが、荒っぽい騎乗と言動は物議を醸すことが多い。主な騎乗馬にダラカニ、シロッコ、レイルリンク、ハリケーンラン、ザルカヴァ、ブエナビスタ、オルフェーヴルなど

頼なんて断るね。だって、いったんクビにされたんでしょう。俺の中のオルフェーヴルは「それで完結した」ってことだ。

もちろん、突然クビにされるようなことは、俺たちの時代にもあった。

以前、エリザベス女王杯と鳴尾記念を勝ったタケノベルベット[7]について「話がある」と小林先生《テキ》（小林稔元調教師[8]）に呼ばれたことがあり、これまで絶対クビを切ったりしない先生だったので何事かと思って駆けつけたら、あれほどの大先生がすまなそうな顔で、「オーナーの娘が武豊ファンで、どうしても武騎手に乗ってほしいということなんだ」と俺に言うんだよ。「藤田君が悪いんじゃないんだよ」って謝りながら。そりゃ思わず「そんなの全然いいですよ」って言ったよ。心の中では悔しかったけど。

正直な話、乗り替わった後は「負けろ、負けろ」ってずっと思っていた。で、あの馬は孝行娘っていうのかな、それとも俺に筋を通したのか、他の騎手で1勝もできずに繁殖入りしたけどね。

いずれにしても、少なくとも今のようにドライに切られるようなことはなかった。謙一や一誠の気持ちや心の傷を考えたことがあるのだろうか。いったんクビにしておいて、それでまた依頼するという……。なにを勝手に白紙にしたつもりになってるんだろう。

さらにいえば、若い騎手がせっかく頑張って人気薄の馬を掲示板（5着以内）にのせて、次の出走権利を取ったのに、次走は成績上位の騎手に替えてしまう、なんてこともする。もっと夢を持たせて育ててやればいいのに。大手クラブに多いやり方なんだけど、簡単に騎手を替える人たちというのは、どういう気持ちで騎手のクビを切っているんだろう。

## 台頭する大手クラブ

こんなことして、いったい誰が得するというのか。外国人騎手だけでしょう。こんな仕打ちを受けても、有力馬を数多く所有する「大手クラブだから仕方がない」と思っている騎手も中にはいるようだ。

この20年における大手クラブの成長には、すさまじいものがある。

（7） 1992年のエリザベス女王杯で、藤田を鞍上に17番人気の低評価を覆して完勝。藤田にとってGⅠ初制覇となった

（8） 数々の大レースを制した名伯楽で、藤田を新人時代から可愛がり、大レースに抜擢した恩人。主な管理馬にロンググレイス、スズカコバン、アドラーブル、タケノベルベット、ムッシュシェクル、フサイチコンコルド、エモシオンなど。1999年引退

**【図表 4】馬主収得賞金「ベスト 10」**

1991 年

| | 馬主名 | 入着賞金収得額 | 1着回数 | おもな勝ち馬 |
|---|---|---|---|---|
| 1位 | ㈲社台レースホース ※ | 14億6454万円 | 79 | ディスコホール、ノーザンコンダクト、ノーザンドライバー |
| 2位 | 松岡正雄 | 7億8955億円 | 49 | キョウエイスワット、キョウエイタップ |
| 3位 | トウショウ産業㈱ | 7億1642万円 | 30 | シスタートウショウ |
| 4位 | ㈲メジロ牧場 | 7億0338万円 | 23 | メジロパーマー、メジロライアン |
| 5位 | メジロ商事㈱ | 6億4853万円 | 18 | メジロマックイーン |
| 6位 | 松本好雄 | 6億2671万円 | 31 | メイショウグロッソ |
| 7位 | 西山正行 | 5億8091万円 | 34 | セントスクイズ、ニシノフラワー |
| 8位 | ㈱ヒダカ・ブリーダーズ・ユニオン | 5億8040万円 | 41 | フィリーズベスト、ベンケイ |
| 9位 | 辻本春雄 | 5億4794万円 | 14 | ダイイチシンゴ、ダイイチルビー |
| 10位 | ㈱サラブレッドクラブ・ラフィアン | 5億1314万円 | 40 | マイネベルレ、マイネルグランツ |

□大手クラブ　※ 社台グループ

入着賞金収得額で2位に2倍近い大差をつけた社台レースホースが、9年連続1位の座を射止めた。ＧⅠ勝ちこそなかったものの、79勝のうち重賞は4勝。ディスコホールでテレビ東京賞3歳牝馬Ｓ（ＧⅢ）、ノーザンコンダクトでラジオたんぱ杯3歳Ｓ（ＧⅢ）、ノーザンドライバーでペガサスＳ（ＧⅢ）などに勝利している。宝塚記念を制したメジロライアンを擁するメジロ牧場は前年（1990年）の2位から4位にダウン。天皇賞・春を優勝したメジロマックイーンの活躍により、メジロ商事は5位にランクインした

**↓大手クラブの台頭が顕著に**

2011 年

| | 馬主名 | 入着賞金収得額 | 1着回数 | おもな勝ち馬 |
|---|---|---|---|---|
| 1位 | ㈲サンデーレーシング ※ | 32億4936万円 | 112 | オルフェーヴル、ブエナビスタ、ルーラーシップ、ローズキングダム |
| 2位 | ㈲社台レースホース ※ | 28億4651万円 | 125 | マルセリーナ、フェイトフルウォー |
| 3位 | ㈲キャロットファーム ※ | 22億6808万円 | 88 | アヴェンチュラ、リアルインパクト |
| 4位 | ㈱サラブレッドクラブ・ラフィアン | 13億5233万円 | 61 | マイネルネオス、マイネルキッツ |
| 5位 | 前田幸治 | 13億3805万円 | 42 | トランセンド、アーネストリー |
| 6位 | ㈱栄進堂 | 11億4350万円 | 67 | エーシンヴァーゴウ |
| 7位 | 吉田照哉 ※ | 11億2101万円 | 52 | エリンコート、ストロングリターン |
| 8位 | 島川隆哉 | 9億9760万円 | 35 | トーセンジョーダン、トーセンラー |
| 9位 | 松本好雄 | 9億6277万円 | 49 | |
| 10位 | ㈲ビッグレッドファーム | 9億2494万円 | 34 | コスモファントム、コスモメドウ |

□大手クラブ　※ 社台グループ

オルフェーヴルが日本競馬史上7頭目となる三冠を達成するとともに有馬記念も制し、ブエナビスタがジャパンカップを優勝、ジョワドヴィーヴルが阪神ジュベナイルフィリーズを勝つなど、ＧⅠで6勝をあげたサンデーレーシングが、2年連続4回目のリーディングオーナーとなった。2位には桜花賞を制覇したマルセリーナの社台レースホース、3位には秋華賞を勝ったアヴェンチュラのキャロットファームがランクイン。1～3位を社台グループが独占した。なお、1991年には4～5位に食い込み、日本競馬史上初の牝馬三冠・メジロラモーヌ、ＧⅠ5勝のメジロドーベル、天皇賞・春を2回制覇したメジロマックイーンなど、数多くの名馬を輩出・所有したメジロ牧場とメジロ商事は、その後成績不振により、2011年、解散を余儀なくされている。ちなみに、社台グループの勝利数と入着賞金収得額（1～10位）は、1991年の79勝・14億6454万円から、2011年は377勝・94億8496万円に増えている

（出所）『中央競馬年鑑』日本中央競馬会

俺がデビューした1991年、馬主の収得賞金「ベスト10」の中で、大手クラブは3社ランクインしていた。1位が社台レースホース、8位がヒダカ・ブリーダーズ・ユニオン、10位がサラブレッドクラブ・ラフィアン。3社の1着回数の合計は、160回だった。

ところがその後、レース回数はほとんど同じ約3400回なのに、2011年になると1〜4位を大手クラブが占めるようになり、1着回数の合計も386回と2倍以上に増えている（右ページ【図表4】参照）。

ちなみに、生産牧場の「ベスト10」の変遷を見ても、収得賞金10億円以上の大牧場が、1991年の1社から、2011年には5社に増えており、稼げている牧場とそうでない牧場との格差が広がっている（次ページ【図表5】参照）。

その一方で、この10年で地方の中小牧場の廃業や個人馬主の撤退が相次いでいて、生産牧場数と馬主登録数は右肩下がりに減少している（次々ページ【図表6】参照）。

それにともない、毎年生まれる競走馬の生産頭数も減ってきている。かつてダービー馬といえば「サラブレッド1万頭の頂点」なんていわれていたけど、2012年は全国で6823頭しか生まれていない。結果、競馬界では今、どんなことが起きているのか

**【図表5】生産者収得賞金「ベスト10」**

1991年

| | 生産者名 | 入着賞金収得額 | 1着回数 | おもな勝ち馬 |
|---|---|---|---|---|
| 1位 | 社台ファーム ※ | 42億2980万円 | 238 | イブキマイカグラ、ニフティニース、ムービースター |
| 2位 | シンボリ牧場 | 7億5774万円 | 35 | シンボリクリエンス |
| 3位 | トウショウ牧場 | 7億3495万円 | 30 | シスタートウショウ |
| 4位 | 荻伏牧場 | 6億3127万円 | 27 | ダイイチルビー |
| 5位 | メジロ牧場 | 6億3101万円 | 23 | メジロライアン、メジロパーマー |
| 6位 | 西山牧場 | 5億9001万円 | 34 | ニシノフラワー |
| 7位 | 吉田堅 | 5億5487万円 | 12 | メジロマックイーン |
| 8位 | 清水牧場 | 5億4059万円 | 14 | ダイタクヘリオス |
| 9位 | 下河辺牧場 | 5億2436万円 | 23 | ナリタハヤブサ |
| 10位 | 白井牧場 | 5億1870万円 | 24 | オースミシャダイ |

□10億円以上の大牧場　※社台グループ

社台ファームが18年連続28回目となるリーディングブリーダーに輝いた。同ファームは1963年以降、西山牧場にトップを譲った1973年を除き、同じ社台グループのノーザンファームに抜かれる1999年までずっと頂点に君臨し続けた。1991年の社台ファームの入着賞金収得額は42億2980万円と、2位のシンボリ牧場（7億5774万円）の5.5倍にあたる

**↓大牧場が誕生**

2011年

| | 生産者名 | 入着賞金収得額 | 1着回数 | おもな勝ち馬 |
|---|---|---|---|---|
| 1位 | ノーザンファーム ※ | 89億9256万円 | 361 | トーセンジョーダン、アヴェンチュラ、アパパネ、ブエナビスタ |
| 2位 | 社台ファーム ※ | 81億5694万円 | 401 | マルセリーナ、ダークシャドウ |
| 3位 | 白老ファーム ※ | 29億6394万円 | 111 | オルフェーヴル |
| 4位 | ㈱ノースヒルズ | 15億8814万円 | 60 | トランセンド、アーネストリー |
| 5位 | 千代田牧場 | 12億0613万円 | 56 | ホエールキャプチャ |
| 6位 | 下河辺牧場 | 9億9951万円 | 52 | ダッシャーゴーゴー |
| 7位 | ビッグレッドファーム | 9億1055万円 | 41 | マイネルネオス、マイネルキッツ |
| 8位 | 追分ファーム ※ | 8億3571万円 | 56 | |
| 9位 | 三嶋牧場 | 5億6160万円 | 30 | |
| 10位 | 栄進牧場 | 5億5672万円 | 31 | エーシンヴァーゴウ |

□10億円以上の大牧場　※社台グループ

1991年、ベスト10入りしている社台グループは社台ファーム1社だけだった。ところが、20年後の2011年はノーザンファーム、社台ファーム、白老ファーム、追分ファームと、4社がランクイン。トーセンジョーダン（天皇賞・秋）、アヴェンチュラ（秋華賞）、グランプリボス（NHKマイルC）、アパパネ（ヴィクトリアマイル）、リアルインパクト（安田記念）、ブエナビスタ（ジャパンカップ）、ジョワドヴィーヴル（阪神ジュベナイルフィリーズ）、アルフレード（朝日杯フューチュリティS）、カレンチャン（スプリンターズS）、マルセリーナ（桜花賞）、エリンコート（オークス）、オルフェーヴル（皐月賞、日本ダービー、菊花賞、有馬記念）と、2011年に開催されたＧⅠ23レース中、15レースが社台グループの生産馬だった。10位までにランクインした社台グループ全体として考えると、1着回数は929回、入着賞金収得額の合計は209億4915円となり、同グループに次ぐノースヒルズの15倍以上の勝利数と13倍以上の賞金を稼いでいる計算になる

（出所）『中央競馬年鑑』日本中央競馬会

**【図表6】右肩下がりの馬主と生産牧場**
馬主登録数と生産牧場数の推移（2001～11年）

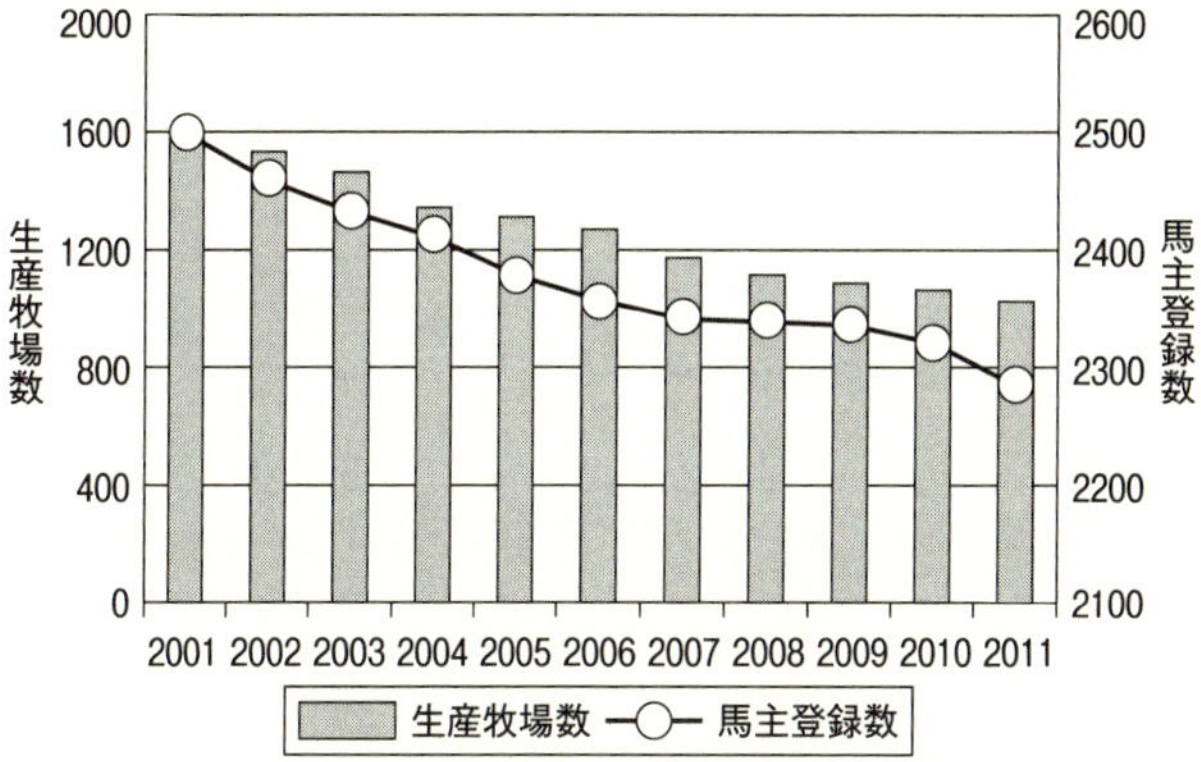


（出所）『中央競馬年鑑』日本中央競馬会、『軽種馬統計』ジャパン・スタッドブック・インターナショナル、日本軽種馬協会／生産牧場は繁殖牝馬飼養牧場の数

――。

## 立場が弱くなった調教師

かつて、毎年のようにＧⅠ馬を輩出する人気厩舎には、「どうしても預けたい」という馬主が殺到していた。ところが、生まれてくる競走馬自体が減少してくると、１頭でもいい馬を預けてもらえるよう、厩舎間で激しい争奪戦が始まった。１頭あたり月60万とも１００万とも言われる預託料と、それらの馬が稼ぎ出した賞金が収入源の厩舎にしてみれば、強い馬の確保は死活問題といえる。必死になるのも当然だろう。

だから、かつて騎手が各厩舎を回ってこなしていた〝営業〟を、今は肝心の調教を調教助手に任せておいて、大手クラブなど有力馬主に「ぜひ預けてください」って頭を下げて回っている調教師もいるというんだ。

さっき、「調教師がエージェントを介して馬主の意向を確認せず、勝手に騎手に騎乗依頼したら、その厩舎には強い馬が入ってこなくなる可能性だってある」って話したけど、その背景には、調教師と馬主との力関係も大きく影響している。言うことを聞く調教師の厩舎に馬を預けるかわり、乗せる騎手は誰々にしろ、といった指示を出す大手クラブもあるからだ。

つまり、今の日本の競馬界において、強い馬を数多く抱える大手クラブや大牧場の存在感は増すばかりなんだ。だからこそ、いくらエージェントや調教師にあっさりクビを切られたとしても、騎手はあまり不満を漏らすことができないというような雰囲気が、競馬界に漂っているんだと思う。

あらためていうまでもなく、俺は外国人騎手に乗り替わりをさせる、大手クラブを批判するつもりなんてない。市場の論理で中小牧場の廃業や個人馬主の撤退が増えたり、競走馬の数が減ってきているのは、大手クラブのせいだなんていう人もいるようだけど、俺は違うと思う。あくまでも彼らはルールに基づき、そのルールの範囲内で乗り替わりを指示し、規模を拡大させているに過ぎないんだから。

悪いのは、ここでもやはり、そうした状況を見て見ぬふりをしているＪＲＡ。彼らこそが、「諸悪の根源」だと思っている。

## 上手い騎手ばかりではない

２０１２年、約10人の外国人騎手がＪＲＡから短期騎手免許の交付を受けて日本で騎乗している。彼らの身元引受馬主は、そのほとんどが大手クラブ関係者だった。

冷静に考えてみれば、外国人騎手だって日本に来れば賞金も高いし、いい馬を任されたりするんだから、そりゃみんな来たがるよ。日本に口座を作っておけばかなりの金額が稼げるからね。

ミルコのように、一部の外国人騎手が活躍したおかげで、「みんな上手い」というイメージがついているようだけど、実際には、そんな上手い騎手ばかりではない。失敗をしたってすぐに国に帰って、ほとぼりが冷めたころに戻ってくる。そうなると日本人には悪いイメージは残っていない。

それに対し、俺ら日本人はずっといて、自宅は厩舎の近くにあるから、一度ミスしたら悪いイメージばかりがずっと残ったりする。ミスした馬の調教助手や厩務員と近所ですれ違って気まずい思いをしたことも多々ある。その差は大きいよ。

だから、今の大手クラブなどの馬主のかなりの人たちっていうのは、日本人に騎乗させたくないと考えているのかもしれない。神頼みみたいな感覚で、外国人騎手に頼んでいるんじゃないのかな。

そうした外国人騎手を起用したがる人たちに、あえて問いたい。

「武豊じゃダメなんですか？」

俺的には、やっぱり今でもトップに立つべきなのは武豊だと思っている。武豊がＧＩを勝ったらみんな喜ぶけど、外国人騎手が勝って誰が喜ぶの？　って。

だからもし、俺が馬主なら、絶対に外国人騎手なんて乗せない。もちろん武豊に依頼したいね。

## 日本だけがありがたがっている外国人騎手

たとえば、ジャパンカップは国際招待競走になっているので、まあ、外国人騎手がいっぱい来るのは、多少「アリ」だと思う。ただ、ジャパンカップっていうのは、もともと

「国内外の有力馬を集結させてＪＲＡが世界のチャンピオンホースを決定する重要なステージになる」ことが目的のはず。それなのにたとえば２０１２年の場合、出馬した17頭中、外国馬はたったの5頭に過ぎない。

その一方で、12頭の日本馬のうち5頭が外国人騎手っていうのは、本来のレースの目的とはちょっとずれているんじゃないか。去年、ユタカさんはローズキングダムでジャパンカップに出ているけど、それ以外の手が空いている、日本の騎手を乗せないっていうのは、いったいどういう了見なんだろう。

別に、俺のことを言っているんじゃないよ。自身のことで言えば、もうとっくに冷めているから。

でも、世界のチャンピオンホースを決定したいのなら、なんで各国代表とか日本代表といった意識で、もっと盛り上げようと思わないんだろう。そもそも、外国人騎手が日本馬に乗るためにわざわざジャパンカップで来るなら、それ以外の期間、別に短期免許を出す必要なんてないいんじゃないのって思う。それとは別に、日本には「ワールドスーパージョッキーズシリーズ[9]」という、世界各国のリーディングジョッキーなどが出場するレースもあるんだから。

俺がこういう風に言うのには、ちゃんと理由がある。

何度も海外遠征に行っているけど、こちらが一生懸命頼んだって、海外では全然乗せてもらえないんだ。アメリカに行った時なんか、調教すらなかなか乗せてくれなかった。

これは、俺だけとか日本人だけじゃなくて、どこの国でも外国人騎手に対してはそれが普通なんだ。つまり、通常は騎手が外国の競馬で活躍しようと思ったら、長期間住みながらコツコツ実績を積み上げて何年もかけて、ようやくその国の一流馬を任せてもらうものなんだ。

それなのに、日本だけがなぜだか外国人騎手をありがたがっている。そりゃあ、それぞれの国でリーディング上位になっている騎手だというのもわかるけど、外国人騎手たちは、自国では馬主とその所有馬に最優先で乗るという条件で契約している。フランキー（ランフランコ・デットーリ騎手）なんて、モハメド殿下[10]との契約だけで、年間何億円ももらっていたと言われている。ライアン（ライアン・ムーア騎手[11]）だってウィリアムズ（クレイグ・ウィリアムズ騎手）だってそう。腐るほどお金を持っている。それでもなお、俺たち日本人騎手にオフシーズンはないけど、彼らは本国のオフシーズンを利用してお金を稼ぎに来ている。

そんな彼らのためになんでいい馬を回してさらに稼がせる必要があるのか。日本には十分に乗せてもらえず、稼げない騎手が山ほどいるのに。

エージェント制度の導入や外国人騎手の多用によって、長期的な視野で騎手を育てようとする風潮がなくなっているけど、このままでいいとJRAは本気で思っているのだろうか。

(9) 毎年末に行われる、国際騎手招待競走。海外の招待騎手8名と、JRAのリーディング上位など6名、地方競馬騎手1名によって計4レースの着順ポイントで争われる。騎手の技量を争うものであるため、騎乗馬は登録馬の中から抽籤で決定する。現在は登録馬を抽籤前に実力でグループ分けしておくことで、騎乗馬の実力が偏らないように工夫されている。毎年阪神競馬場で行われていたが、2012年より、偶数年はジャパンカップの週に東京で、奇数年はジャパンカップダートの週に阪神で行われることになった

(10) シェイク・モハメド殿下。ドバイの首長であり、UAEの首相。大の競馬好きで、世界一の大馬主。運営するオーナーブリーダー組織ゴドルフィンはチームカラーのロイヤルブルーと共にゴドルフィン軍団の名で知られている。世界各国で多くのGIを獲得し続けている。ゴドルフィンの主な所有馬にドバイミレニアム、ファンタスティックライト、スラマニ、エレクトロキューショニスト、ディスクリートキャットなど

(11) イギリス出身。2006年から通算3回イギリスのリーディングジョッキーとなるなど、世界の一流騎手の一人。日本でもスノーフェアリーでエリザベス女王杯を連覇したことで知られる。他の主な騎乗馬にコンデュイット、ワークフォース、セントニコラスアビー、ソーユーシンクなど

## ある有力馬主との確執

ユタカさんが近年なかなか勝てない理由としては、まず大手クラブからの騎乗依頼が減った（後述）というのがあるけど、それ以外にも、数々のGＩ馬を所有していた有力馬主との関係悪化もあると思う。

基本的にその馬主は、気に入った騎手に対してはすごく協力してくれる人なんだけど、その人から「お前、乗れないな」みたいなことを言われて、あの温厚なユタカさんが怒ったというんだ。

２００７年４月、香港で行われたレースでユタカさんが騎乗した際、まあ展開を読み誤って失敗したレースだったんだけど、レースのあと、馬主はユタカさんに対し、「ヘグったな」と言ったというんだ。普通、そうした時はね、一緒にいる調教師がかばったり、助け船を出したりするものなんだけど、この時は調教師も「ユタカが悪い」と馬主に同調したものだから、馬主はさらに不満をぶつけた。それを受けて、ユタカさんは静かに、「もう二度と（その馬主の馬には）乗らない」と言った、と俺は聞いている。細かな経緯はその場に俺がいたわけではないからわからないけどね。

もちろん、馬主もユタカさんにそう返されるとは思ってなかったし、本気だとも思っていなかったようだ。だけどユタカさんは意志が強いから、やわらかい口調で「いや、僕はもう（この馬主の馬には）乗りませんから」と伝えたらしい。

実は、俺もユタカさんより前にこの馬主とはケンカ別れしていたから、ユタカさんには「俺はもう（あの馬主の馬には）乗らない」っていう話はしてあった。だから、香港での出来事のあと、ユタカさんとは「これでどっちも、あの勝負服は着ないね」という会話を交わしたんだ。

そしたら2009年のワールドスーパージョッキーズシリーズで、登録されていたその馬主の馬2頭に乗る騎手が、抽籤で俺とユタカさんになってしまった時は、「嫌がらせかよ」って思ったよ、本当に。

## 口を出さない馬主、口を出す馬主

馬主（オーナー）にもいろんな人たちがいる。

ダービーを取らせてもらったフサイチコンコルドの関口さん（関口房朗氏[12]）をはじめ、

(12) 馬主として、日米でダービー制覇を達成した唯一の人物。現在はＪＲＡに所有馬がない。主な所有馬にフサイチコンコルド、フサイチエアデール、フサイチペガサス、フサイチジャンクなど

馬主というのは個性の強い人が多く、あれだけの大金を使って日本競馬に貢献しているという意味では、かなり特別な存在で、騎手にしてみれば感謝すべき集団だ。

オーナーでもある、某企業の社長夫妻には、クリスマスパーティに招待してもらったり、俺が1000勝した時には、わざわざ社員さんを集めて祝賀パーティを開いてもらったりするなど、公私ともにお世話になっていて、今でも本当に感謝している。

そういう付き合いがあるので、騎乗依頼の時「走らない馬だけど」と言われても、この社長夫妻の馬には喜んで乗せてもらっている。

お二人は、まさに「お金は出すけど口は出さない馬主」で、前田幸治さん[13]もそう。どんな大レースだろうが人気馬だろうが、常に「グッドレースを」と言って俺たち騎手を気持ちよく送り出してくれる。それ以外に、「どう乗れ、こう乗れ」ということは絶対言わない人なんだ。俺たち騎手に全幅の信頼を置いて、任せてくれる。ジャパンカップダートやフェブラリーステークス、マイルチャンピオンシップ南部杯（いずれもGⅠ）を勝たせてもらったトランセンドがそうだった。だからこそ、そうした信頼や期待に応えようと必死でレースに挑んできたし、そこに騎手としてのやりがいや魅力を感じていた。

でも、中には「お金は出すけど口も出す馬主」もいる。

## プロとしての意地

たとえばある大手クラブの場合、同じレースに2頭出している時に「もう一頭が早めにマクって行くから、その後ろについていけ」というような指示を騎手に対して細かく出してくる。だから今、その大手クラブは若手騎手ばっかりに乗せている。若いヤツらは言うこときくからね。「乗せてやるから」といって育成牧場のある北海道まで彼らを呼びつけているし、彼らも乗りに行っている。もちろん、若いうちは経験を積むという意味でも、彼らが乗りに行くのは当然だと思う。

ただ、これまで話してきたように、競馬にはペースもあるし展開もあるし、出遅れとかもある。なにしろ、走っているのは馬だからね。なかなか思い通りにはいかないのが「競馬」じゃないか。そんなこともあって、ユタカさんとか俺とかはそうした指示を聞かない。だから自然と、大手クラブからの騎乗依頼が減ってきているというわけ。

そもそも、俺は「騎手＝個人事業主」だと思っている。自分で営業もしなきゃいけない

(13) ノースヒルズマネジメント代表。自分で馬を生産して馬主として走らせる、いわゆるオーナーブリーダー。グループの主な所有馬にファレノプシス、ノーリーズン、ビリーヴ、トランセンド、ビートブラック、トレイルブレイザーなど

し（今はしてないけど、若い時はしていたからね）。一方で、自分にはプロの騎手としての意地もある。もちろん、騎乗依頼をいただいたら来るもの拒まずで受けるし、「ありがとうございます。乗せていただきます」という感謝の気持ちは常に忘れていない。とはいえ、大手クラブとはある意味対等な関係であるべきだし、必要以上にペコペコ頭を下げることもないんじゃないか。特に、過去、いざこざがあったような馬主の馬には絶対に乗りたくない。ちっぽけな意地かもしれないけど、そういう信念を持ってずっとやってきた。

話を最初に戻そう。結局のところ、誰が日本競馬最大の功労者ともいっていい武豊を、今のような状態に追い込んだのか——エージェント制度が導入され、大手クラブや有力馬主の発言力が絶大になり、安易な乗り替わりや外国人騎手の多用を招いた——そんなシステムを作ったＪＲＡこそが、その〝犯人〟だと俺は思っている。

# 終章　最後に伝えておきたいこと

**騎手の1週間の流れ**

1991年のデビュー以来、長年競馬の世界にいると、競馬界での常識を当たり前のことのように錯覚してしまいがちだけど、よく考えてみると実はものすごく非合理的なことや、世間から見ると明らかに矛盾していることとっていうのがけっこうあるんだ。

そんなことを騎手から見た視点ということで紹介しようと思う。

まずは一般的な騎手の1週間の流れは、次の通り。

・月曜　全休
・火曜　厩舎に所属していたりフリーの若手騎手は、調教に出かける。内容は軽い。
・水曜　主戦ジョッキーはその週の出走馬の追い切り（最終調整）をする
・木曜　水曜と同じ
・金曜　夜、調整ルームに入室（かつては昼は厩舎回り）
・土曜・日曜　レース

今の俺はいろいろ思うところがあって、基本的には土・日のレース以外は競馬から離れている。中学を卒業して競馬の世界に飛び込んでから約25年。馬の本質というか、馬のことがわかってきていることだし、「そろそろ自分の体を休められる時は休んでおこうかな」というのもある。

それこそ、31〜32歳ぐらいまでは毎日、1日平均で10頭ぐらいびっしり攻め馬をしていた。他の騎手が調教を終えても、最後まで乗っていたし。そのころまでは、まさに「若手の手本」みたいにやっていたから、このまま同じことをやっていたら、「40歳まで体がもたないな」と感じていた。

これまで相当しっかりやってきたんだから、手を抜くってわけではなくて、もしこうしたやり方で自分の思うような競馬ができなくなってしまったら、それこそ、そこまでの騎手だったんだな、とも思っている。

もちろん、尊敬している先生《テキ》から直々に、「新馬の追い切りに乗ってくれないか」と言われて、俺がレースでも乗る馬だったら、それは乗る。

別の先生なんかは、「伸二、今そんな乗ってないんやろうけれども」って言いながら乗せてくれるし、「朝からだけどいいか?」とか、「これだったら伸二が乗っても大丈夫だろう」とか、気を遣って依頼してくれる。こんなに乗り役の立場になって考えてくれる先生は少ないから、すごく感謝している。

俺を心から信頼してくれる先生から、必要とされてるのもうれしい。その馬が実際のレースで勝ち負けできるかどうかは関係ない。自分の成績にもこだわりはない。ただひたすら、頼まれたら何とか期待に応えようとその馬に全力で乗ろうとしているだけ。

でも、最近はあまり先生たちから、「調教に乗ってくれ」とは言われないんだ。調教に乗ってレースでも確実に乗せてくれるというなら、それは調教に乗る意味があるから、当然調教に出かけていく。けれど、乗ったはいいけど実戦では「ハイ、外国人騎手」なんて言われたら、あとあとイヤな思いをするのはこっちだし、調教をやらなければよかったって後悔する。

もともと、乗り手が多い厩舎には調教を頼まれないし、騎手を乗せたがらない厩舎や、限られた騎手にばかり頼む厩舎もある。それは厩舎によるところだね。

で、さっきの1週間の流れに話を戻すけど、読者の人たちにとって一番なじみが薄いのが、金曜の「調整ルーム」だと思う。これは、土日の競馬に備えてJRAの騎手なら必ず入らなければならない宿泊施設のこと。各競馬場に併設されていて、八百長を行わないよう外部との連絡を絶ったり、コンディションを調整したりすることがその目的らしいんだけど、この調整ルームっていうのが、実はかなり中途半端なシロモノなんだ。

**調整ルームなんていらない**

だって、おかしいと思わない？　今、交流レースで地方競馬に乗る時、俺たち騎手はレース当日の2時間前までに競馬場へ行けばいいんだ。地方と中央という違いがあるとはいえ、同じ農林水産省が管轄している競馬なんだから、もし八百長を防いだり体調を整えたりするのが調整ルームの目的だとしたら、地方競馬に出るときも調整ルームに入るのが当然でしょう？　なのに、なんで地方競馬のときは入らなくてもよくて、JRAだけが前日に調整ルームに隔離されなければならないんだろう。もちろん、欧米にも調整ルームなんてものは存在しない。

だいいち、調整ルームにいても、することないんだよ、本当に。騎手仲間と麻雀をする時は暇つぶしになるけど、最近の若い騎手は酒を飲まないし、食堂で集まってみんなと一緒に晩飯を食うようなヤツはいないから、毎週金曜は夕方5時から10時まで、食堂で定食を食べたり一人酒を飲んだりしている。まあ、暇でしゃあない。加えて、土曜の乗り鞍が、メインレース1頭だけとかだと、金曜の夕方から土曜の夕方まで何してんねん、と。

もし家にいるなら、なんだかんだとやることがあるけど、でも調整ルームでは汗取り（サウナ）に入るか、部屋か食堂で過ごすしかないわけで。

まあ、調整ルームのムダについては、これまでの本でも触れてきたことだし、デビュー当時は金曜昼12時までに入らなければならなかったのが、夕方4時、6時とだんだん時間がゆるくなって、今は夜の9時にはなったんだけどね。

だったらなおのこと、調整ルームの必要性って本当にあるのかなと思う。

レースの2時間前に来なかったら騎手免許を取り上げるとか、厳しい罰則を科せば、調整ルームはいらないと思うし、そうすれば売上が減少する中、経費が節約できるじゃないか。

**日本と世界の違い**

まだあるJRAの矛盾点をあげる前に、まずは競馬の本場・ヨーロッパの状況を紹介しよう。

ヨーロッパでは、スローペースが基本。フランスのフォワ賞（GⅡ）でヒルノダムールに乗って2着だった時も、向こう正面で「調教かよ!?」って思うぐらい、スローだった。残り400メートルぐらいまで我慢して、そこからヨーイドンしましょう、というのがヨーロッパの競馬。いわば我慢比べみたいなもので、そういう意味でいうと、日本のような逃げ馬っていうのがほとんどいないから、単調に思うファンもいるかもしれない。

それに、ヨーロッパの競馬は、その発祥からして、強い馬を持っている馬主同士が戦わせ、それを見たい人は見に来い、馬券は買いたい人は買えというスタイルが根本にある。だから、ファンに対するサービス精神みたいなものにも欠けていて、たとえば、レース前に馬体重の増減や、追い切りタイムも発表されない。フランスでは、どこで誰が調教に乗っているかわからないような、シャンティの森で追い切っただけなのに、それでもレース当日になると人気がついている。ブックメーカーとかの果たす役割が大きいからなんだろうけど、限られた情報の中でどうやって競馬を予想しているんだろうと不思議でならない。

その点、日本の競馬は最初から大衆のファンのためのギャンブルとして作られた競馬なので、ＪＲＡのファンへの情報公開もほぼ徹底されているし、素晴らしいと思う。

だから、俺はヨーロッパ競馬のすべてをマネすべきとは思っていない。

でも、JRAが熱心に唱えている、競馬の「国際化」については、どうしてもここで話しておきたい。

たとえば、なんで日本では、あんなにコースレコードを気にして、高速馬場を作っているんだろう。速いタイムで決着するということが、「ファンの喜ぶエンターテインメント性」につながると考えているのかもしれないけれど、それは違うんじゃないかな。

14戦全勝、そのうちGIは10勝という、〝世界最強馬〟フランケルの主戦ジョッキー、トム・クウィリー騎手[1]が来日した際、こんな話をしていたという。

「日本の競馬は、軍隊かと思った。調整ルームは厳しいし、パドックの前、騎手は整列もさせられる。馬主や調教師と話す態度も厳しくチェックされる。馬場も固いから背中にコツコツ響く。ヨーロッパでこんな競馬をしたことがないよ」

ある意味、フランスの凱旋門賞馬がジャパンカップに出走するのは、相当怖い選択だよ。だって、せっかく苦労して積み上げてきた実績があるのに、高速馬場の日本に来たせいでパンクなんてしちゃった日には、たまらないからね。現に、ジャパンカップへの海外馬の出走が少ないのは、さっきも話した通りでしょう？

だから俺たち日本の騎手も、ずいぶん前から「こんな高速馬場にしたら、馬の脚の骨がついてこれなくなる」「パンク馬が続出しちゃう」って言っている。

昔はレコードを出すと、騎手は「レコード賞」というメダルがもらえた。今はそれもなくなったからレコードを出しても別にうれしくないし、そもそも、馬の脚元のためにもならないんだから、せめて「もっと芝を伸ばせよ」と注文したい。

でも、芝の長さはいちおうJRAの規則で決まっていて、関係者に聞いても、「規則どおりの長さにはしてあるんです」って言うばかり。

いったい、どこを向いて競馬をやっているんだろう、JRAは。

季節によって枯れてきたり、芝が細いとか根付きが悪いとかってこともあるわけだから、「何センチ」にはこだわらなければいいのに、へんなところでガンコなんだよね。

昔の「草競馬」っていったら、草原で走っていたわけでしょう。ターフがきれいな競馬

（1） フランケルの主戦ジョッキーとして14戦全ての手綱を取った。他の主な騎乗馬にアートコノサー、トワイスオーヴァー、ミッデイなど。2012年1月に短期免許を取得し初来日した

場にするのはいいけれど、馬の安全を考えないでそういうことをしていては、本末転倒だと思う。

本気で国際化を目指すのなら、ＪＲＡはヨーロッパの競馬にならって、まず高速馬場を作るのをやめるべき。ここに、ＪＲＡが言っていることとやっていることの矛盾がある。

## 裁決委員のレベルが低すぎる

また、真の国際化のためには、レースをジャッジするＪＲＡの裁決委員のレベル向上も欠かせない。

たとえば、ＪＲＡがよく口にする「油断騎乗」。これまでに、四位（四位洋文騎手）や黛（黛弘人騎手[2]）が勝ったと思い込み、ゴール前で追うのを止めて騎乗停止の制裁を受けたことはある。ファンが見てがっかりするような騎乗はいけない。プロとしてペナルティーに値する行為は恥ずべきだし、制裁は免れない。最近では、今年2月17日のレースで、アンブリッジに騎乗していた幸（幸英明騎手[3]）もそうだった。人気薄の馬で追い込んできて、誰が見ても完全に勝ったと思っていたところに、これまたすごい勢いで追い込んできたノリちゃん（横山典弘騎手）騎乗のカケダシが、ハナ差で差しきった。幸がゴール手前で一瞬ふっと力を抜いたのは誰の眼にもわかった。そのまた一瞬にノリちゃんが差したわけだ。これは明らかに騎手としての油断だ。単勝馬券で勝負していた人はがっかりしたことだろう。幸は2日間の騎乗停止処分を受けた。まあ、最後まで追い続けてかわしたノリちゃんもすごいんだけど。

翻って3月10日の最終レース。俺は5番人気のトップフライアーで逃げてクビ差で勝つことができた。ところがレース後、着順を決めたり走行妨害をチェックしたりしているJRAの裁決委員に呼び出された。彼らによると「最後の1完歩が油断騎乗」だと言うんだ。

はじめは意味がわからずア然としていたが、やがて怒りが込み上げてきた。

「勝ったのにどういうこと？　余裕のクビ差やぞ。完全に勝ちを確認して（最後のダメ押しで）ふっと馬の首を伸ばしたんだ（第2章でも書いた、弓矢を放つようにふっと手を緩めた動きのこ

（2）　2006年デビュー。小倉や新潟、中京、札幌などをメインに騎乗している
（3）　1994年デビュー。2003年、スティルインラブで、メジロラモーヌ以来2頭目となる牝馬三冠を達成。2012年、自身が持つJRA年間最多騎乗数記録を更新（1081回）した

と)。負けたならともかく、きっちり逃げ勝ってるじゃないか」

裁決委員が「岡部さん(岡部幸雄元騎手)にも見ていただき、判断をあおぎましょう」と言ったものだから、俺もつい興奮して「そんなに制裁食らわしたいなら、勝手にすればいい」と言った(岡部さんはJRAのアドバイザーという立場でもある)。それぐらい、自信があったからだ。

結果として、油断騎乗は認められなかった。当然の判断だと思う。

人間がジャッジする以上、競馬に限らず野球にしろサッカーにしろ、スポーツに誤審はつきものかもしれない。とりわけ、JRAの裁決委員の判断には、限界があると思う。なにしろ、彼らはいっぺんも競馬をしたことのない人たちだからね。

とはいえ、多くのファンが馬券を買い求め、俺たち騎手も命をかけて馬に乗っている以上、裁決委員のミスジャッジは到底許されない。JRAの国際化のためには、馬場の整備だけでなく、裁決委員のレベルも上げないと、世界中から笑いものにされてしまう。今のJRAの理事長は元裁決委員でもあるわけだから、もっと騎手のことを考えてくれればいいのにね。

**【図表7】縮小傾向が続く競馬市場**

JRAの売上高と入場者数の推移（1987～2012年）

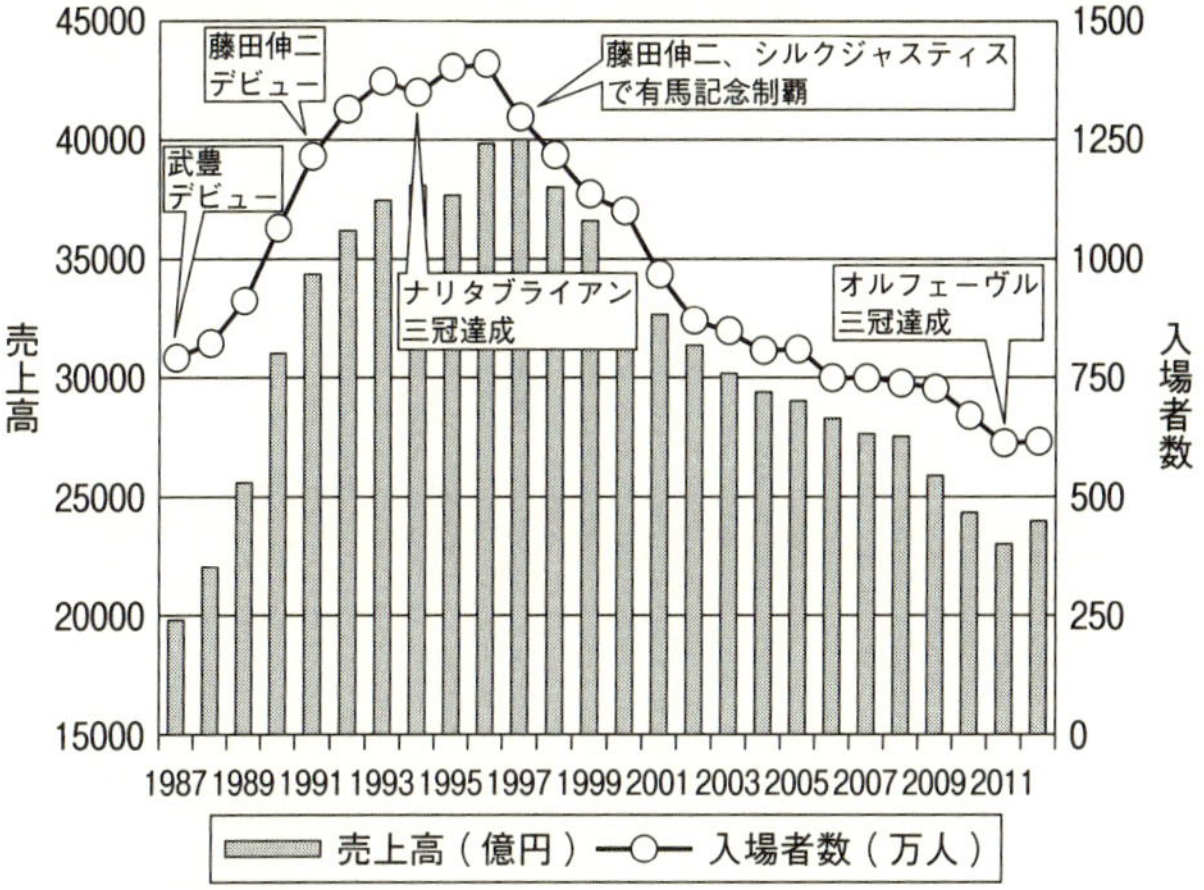


（出所）日本中央競馬会ホームページほか

## 競馬学校の応募者が激減

競馬人気の低迷が叫ばれるようになってから、もう何年も経っている。

JRAの売上高は1997年の約4兆円をピークにずっと縮小傾向は続いていて、2012年は約2兆4000億円にまで下がっている。入場者数は1996年の1411万人から2012年の619万人と、全盛期の半分以下に減っている（【図表7】参照）。

たしかに、それらの激減は深刻だけど、俺は将来の日本競馬界の行く末を考えた時に、もっと心配なことがある。

序章でも話したけど、まず、この30年

でＪＲＡの所属騎手は２５２人から約１３０人へと半分近くにまで減っていること。２０１２年だけでも23人が引退したんだけど、その弊害とも思える出来事が今年に入って、さっそく起きている。１月19日、京都競馬場で行われた障害レースで、計二人の騎手が落馬負傷したため、翌日のレースに乗れなくなった。でも、どっちも代わりの騎手が見つからなかったから、結局２頭の馬の出走が取り消されるという事態が起きたんだ。このまま騎手が減り続けたら、今後こうした出来事はもっと起こるかもしれないし、このままでは、障害騎手までも海外から雇いかねない。

で、俺が今一番危惧しているのは、将来の日本競馬界を支えるべき競馬学校の応募者数が、最盛期の2割以下に減ってしまっていること。２割減ったんじゃないよ。２割以下に減っているんだ。

１９９７年には７６１人いたのに、２０１０年にはたった１４８人しか、競馬学校を受験しなかった。子供の数が少なくなってきているとはいえ、いくらなんでも減りすぎでしょう、これは（次ページ【図表8】参照）。運動能力のある子供が他のスポーツに取られているんだろうけど、いつの間にか日本人のスター騎手がいなくなってしまったことも要因の

【図表8】競馬学校の応募者数は最盛期の2割以下に

騎手課程応募者総数の推移（1982～2010年）

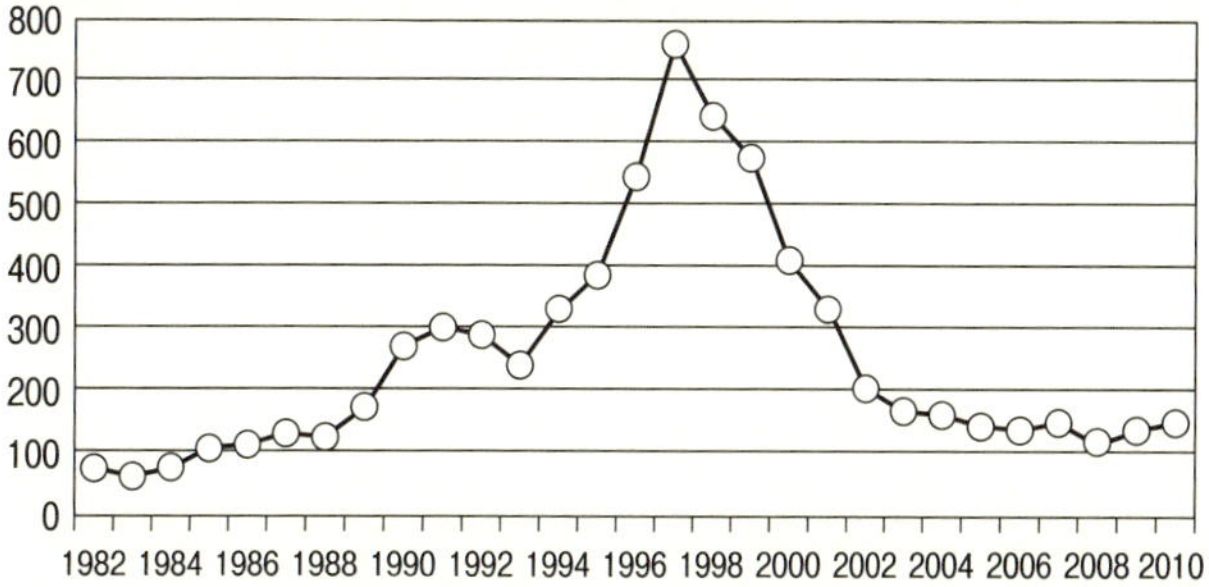


（出所）『競馬学校30年史』日本中央競馬会競馬学校／試験年度の数字

一つなんじゃないかな。競馬界に魅力がなければ、メディアにもだんだん見放されていく。そうなれば、子供たちにも騎手という仕事に魅力を感じてもらえなくなる。

でもよく考えてみれば、今の競馬界に「魅力がない」っていうのも当然だよね。だって、騎手をやっている俺たち自身が、騎手という仕事に魅力を感じなくなってきてるんだもん。競馬をやっている人間が楽しくないんだから、競馬を見ているファンに魅力は伝わらないし、もちろん、楽しいはずがない。

10年前なら、生まれ変わっても「またジョッキーをやりたい」って思っていた。でも、今「もう1回ジョッキーをやりたいか」と訊かれたら、答えは「ノー」だ。変わりつつある、この今の競馬界の魅力の無さが、俺にそう言わせている。

　今のデビュー数年の騎手たちは、せっかく競馬学校に夢を持って入って、なんとか無事デビューにこぎつけ、少しずつ結果を出せていたとしても、肝心のビッグレースになると外国人騎手とかに出番を奪われ、隅に追いやられている。実際、2012年に辞めたジョッキー23人のうち、デビュー6〜11年目の騎手（24〜29歳）は8人いた。こんな、若い騎手がどんどん辞めているような現状を、子供たちに向けてどう説明すればいいのかってこと。ジョッキーになりたい、なんて思うわけがないでしょう。

　そもそも競馬っていうのは、夢を売る世界だったんじゃなかったっけ。スターになりたい、テレビに出たい、他のスポーツでもそうだけどトップで活躍したい、一流のジョッキーになりたい……。勝負の世界だから厳しい訓練なのは当然だよ。でも、いくら将来の武豊や横山典弘を夢みて励んでも、大手クラブや有力馬主の気持ち一つで、あっさり外国人騎手に乗り替わりになったりするようじゃ、たまらない。ＪＲＡが「国際化」の意味を履き違えた結果が、こんな事態を招いているってことに、ＪＲＡは気づいていない。いや、俺たちと違って勉強はできる大学出なんだから、気づいてないわけがない。事なかれ主義……。そう、見て見ぬふりをしているんだ。

## 失われつつある騎手の個性

何度も言っていることだけど、今のＪＲＡのシステムのままでは、基本的に若い騎手は育たないと思う。しばらくは今リーディングの上位にいる連中が、そのまま成績を維持しながら、年を取っていくんじゃないかな。少なくとも、来年や再来年にデビューするヤツが天下を取るなんて時代は、まあ来ないと思う。もう一人のジョッキーだけの考えや行動だけでどうこう出来なくなっている状況があるということなんだ。

この春、広島の福山競馬場からＪＲＡに移籍してきた岡田君（岡田祥嗣騎手(4)）は俺と同い年なんだけど、先日、俺のところに「よろしくお願いします」ってあいさつに来たんだ。「ああ、こちらこそよろしく。同い年なんでしょ？　頑張ってね」と激励すると、「移籍してくる前、ＪＲＡのレースは４鞍乗ったことがあるんですけど、全部ダートで、芝の

（4）　１９９１年、地方競馬の福山競馬場でデビュー。地方での同期に岩田康誠騎手がいる。１９００勝以上を挙げて活躍し、２０１３年、ＪＲＡに移籍

レースは初めてなんです」と硬い表情で返してきた。福山競馬場にはダートコースしかないから、初めての芝に緊張していたんだ。

でも、岡田君のデビュー初日のレースをチェックしたら、4鞍全部ダートだった（笑）。「岡田君、芝乗ってないやん」とツッこんだんだけど、「いや、明日は2鞍あるんです」って。彼にとって初めての芝のレースは一緒に出たんで、戻ってきてから「どうやった？」って訊いたら、「いやぁ、やっぱり感覚が違いますね」って話していたよ。

引退の二文字が頭をちらついている俺と比べて、同い年なのに初々しくそう言っている岡田君を見ていると、なんだか感慨深いものがあった。

調整ルームで一緒だったから隣で飯を食べたし、レース前に輪乗りしている彼の姿もよく見たんだけど、年齢が同じで、中央と地方の違いこそあれデビューの年も同じなんだけど、すごくフレッシュなんだ、岡田君は。おかげで俺も一瞬、新鮮な気持ちを取り戻すことができた。

ただ、その岡田君もこの3月にデビューした新人たちも、これからの時代は大変だと思う。今後も地方競馬からトップクラスのジョッキーが移籍して来るだろうし、何より外国人騎手がどんどんやって来る。でも、今の競馬界には、時間をかけて若手や新人を育てようという人がもうほとんどいないから。

若手騎手の頑張りを、周りがなかなか認めない時代になっていると言うのかな。ちょっとした失敗でも受け入れてくれない人が多いから、騎手も守りに入っているというか、思い切って乗ってない人が目立つ。乗り方の指示に従わず、不平不満を口にしようものなら、「いくらでも代わりはいるよ」とばかりに、切り捨てられるので怖いんだ。

最近売り出してきている騎手には、あまり個性が感じられない。いや、本当は個性があって、魅力のある、おもしろいヤツなのかもしれないんだけど、周りがそれを許さないというか、騎手の個性の芽を摘んでしまっているように感じる。

**悪いのはＪＲＡ**

俺はデビュー以来、騎手は個性が大事だし、とにかく目立とうと思ってきた。何でもやってやろうと、とりあえず髪の毛を金髪にしたり、メッシュを入れたりしたこともあって、ある有力馬主から、「お前そんな髪じゃ、馬乗せないぞ」とも言われ、「別にいいですよ。でももし今から丸坊主にしてきたら、武豊みたいに主戦ジョッキーにしてくれるんですか?」と食ってかかったことがあった。

タトゥーを入れた時は、「テレビのインタビューでは、なるべくタトゥーを出さないようにできないかな」とＪＲＡの職員から言われて、「だったら外国人ジョッキーを見てみなよ、10人いたら10人、あちこちに入ってる。規則に『タトゥーはダメ』って書いてあるんだったら俺だってやらないよ」と言い返したこともあった。

もちろん、俺は見た目の個性だけに、こだわっていたわけじゃない。そんなものが競馬に直接関係ないのは百も承知している。ただ、成績を残せなかったら「それ見たことか」とバカにされる。口先だけとか見た目だけのヤツだと思われたら、本当に馬に乗せてもらえなくなる。そうならないよう、自分をギリギリまで追い込むためにやっていたことで、つまり、俺が自分のスタイルを貫くために必死でやっていたことだったんだ。

ちなみに、今話した有力馬主に反発して、朝日杯フューチュリティステークス(ＧⅠ)を勝った時はブリーチで脱色して、真っ白な髪にもした。でも、そこまでする若い騎手は今はもういない。そこまで反発しても、「こいつはオモロイから乗せてやれ」という馬主もいなくなったからだ。

こうした今の競馬界の状況について、「騎手もエージェントも調教師も、みんな大手クラブや有力馬主の顔色をうかがってばかり」だなんていう人もいるけど、それは間違っている。繰り返しになるけど、彼らはルールに基づいてやっている。

悪いのは、そんなルールを作り、今ある問題を見て見ぬふりをしているＪＲＡなんだ。

# あとがき

スポーツで〝たられば〟の話をしても、せんないことはわかっている。でも、正直に告白すると、もし、もう少しズルくやることができたら、もっとＧⅠを勝てたかもしれない――。そう思うことがある。

ディープスカイにローレルゲレイロのことだ。

ディープスカイは、ユタカさん（武豊騎手）とかが乗ったけどなかなか勝てなくて、６戦目の３歳未勝利戦で初めて勝ったのが俺だった。その後、ディープスカイが勝ったＮＨＫマイルカップもダービーも、俺が乗ろうと思えば乗れたはずだった。

３歳未勝利戦を勝った後のアーリントンカップ（ＧⅢ）の時は、ダンツキッスイの先約があり、続く毎日杯（ＧⅢ）の時もイイデケンシンでドバイ遠征（ＵＡＥダービー・ＧⅡ）を控えていたため、乗ることができなかった。それで、代打に誰がいいという話になって、それまで四位（四位洋文騎手）は昆先生《テキ》（昆貢調教師）の馬に乗ったことがなかったんだけど、「四位なら上手いから」ということで四位を推したんだ。それからだよ、四位が昆厩舎に乗るようになったのは。

　四位の騎乗で毎日杯を勝った後のＮＨＫマイルカップの時、昆先生から「伸二、乗るか？」と声をかけてもらったので、ディープスカイに乗る権利はあったんだけど、同じく出馬を予定していたダンツキッスイを管理する橋本先生（橋本壽正元調教師）が、ちょうどそのころ病気で体調を悪くしていて、「最後のＧＩだし、車椅子に乗ってでも見に行くから」とまで言ってくれていた。そりゃあ、勝ち負けになるのはディープスカイのほうだとは思っていたけど、ここは義理をとって、「すいません、俺、ダンツの馬に乗りますわ」と昆先生に断りを入れたんだ。

　橋本先生はＮＨＫマイルカップの5日後に亡くなった。もちろん、ダンツキッスイを選んだことに間違いはなかったと、今でも思っている。

　でも、実はレースの直後はずいぶん葛藤した。「俺がディープスカイに乗っても勝ってなかっただろう」とか「四位だからディープスカイは勝ったんだよ」って。

ローレルゲレイロの時もそうだった。やはりドバイ遠征があったため、しばらく四位が乗っていた時期にマイルチャンピオンシップや高松宮記念（ともにGⅠ）があった。結局四位はそのレースを勝っていないんだけど、1年後に再び乗り替わった高松宮記念とスプリンターズステークス（GⅠ）は俺の騎乗で勝っている。だから、「もし1年前のGⅠも俺が乗っていたら勝ってたんじゃないか」とか。

自分の引退について言えば、すでにもう、いつでも辞める覚悟はできている。たとえば2週も3週も騎乗依頼がないとか、復帰までに1ヵ月以上かかるような大きなケガをするということがあったら、俺はそこで潔く辞める。競馬界の現状から考えると、たぶんそのあと、俺の居場所がなくなっていると思うからね。

チャンスがなければ、いつまで現役を続けても意味がない。「乗り鞍もないのに」とか「まだしがみついている」「いつまでやってんねん」という感じで、ネットの掲示板で叩かれるのがオチだ。

スポーツ新聞や競馬専門紙の取材に応じることも、ほとんどなくなった。俺が言ってないことや、思ってもいないことを書かれたことがあったからだ。

繰り返しになるけど、勝ちたいレースはもう別にないんだ。今は心から信頼してくれる人の騎乗依頼だけを受けて、与えられた仕事を一所懸命全力で、見て納得してもらえる競馬をする。「超ハイペースなのに何で逃げてんだよ」とか文句を言われるような競馬じゃなく、「これで負けたら仕方がない」とファンからも競馬関係者からも納得してもらえる競馬をしたいと思っている。

少なくとも、「辞めるまでに2000勝したい」なんて気持ちは、これっぽっちもない。俺も6～7年、年間100勝以上を続けていたけど、その頃の勢いがあれば「いずれ達成できるだろう」とは思っていた。でも、今のままだと辞めるほうが先になる。

2000勝したから何があるって、別に何もないんだよ。

JRAからは500勝ごとに記念品がもらえるんだけど、500勝の時は馬の銅像だった。歴代何人目って馬のゼッケンに彫ってあるんだ。俺で69人目だったかな。1000勝すると三段重ねの金の杯、そして1500勝した時は純金の鞭がもらえた。

で、2000勝した人に訊くと、プロの画家に自分の肖像画を描いてもらえるんだって。そんなこっ恥ずかしいことできるかって。

俺も辞める時には安藤さん（安藤勝己元騎手）みたいに、突然消える形にしたいと思うけど、引退式はやりたくない。

通算1000勝以上した騎手が引退する時には、盛大な引退式をやるのが恒例なんだけど、俺はそんなのいらないんだ。たとえば、もし重賞を勝った時のインタビューで「ありがとうございました。今日をもって鞭を置かせていただきます」と言って帰っちゃえば、引退式はできないからね。そういう今までにない形で辞めた方が俺らしいと思うんだ。

ただ、そんな今の俺にも依頼してくれる、お世話になった厩務員さんとかに対しては、複雑な思いを抱いている。

ある厩務員さんは、俺のことをすごく可愛がってくれて「じゃあ、次は阪神カップだな」と言ってくれた。以前、ある厩舎の調教助手と会ったら、「次の開催も伸二に頼むぞ」って声を掛けてくれた。そういう、信頼してくれる人たちに会うと、「ああ、まだ俺を必要としてくれるのか」と思うから、自分の今の気持ちを正直に話すことができないんだ。

「大多数の関係者やファンにとっては、もう俺のことなんてそれほど関心がないのかな」と考えると、「やっぱり辞めたほうがいいのかな」と思い直したりもする。

ファンに対しては、「これまで応援してくれてありがとう」という感謝の気持ちがすごく強い。馬券オヤジというか、赤ペンを差しているようなコアな男のファンが多かったから、もうちょっと女の子のファンが欲しかったけどね（笑）。

今の俺は、平日は札幌で過ごすことが多い。家族もすでに札幌のマンションで暮らしているし、徐々に向こうに移り住む準備が始まっている。だからレース前やレース後、まだ滋賀にある家で独りになると、「よくもこんなデカい家建てたな」と思うことがある。ここまで来るのに必死だった。無我夢中で走ってきた。でも今、その家に独りでいると、鏡に映った自分がほんとうに小さく見えて、これまで感じたことのないような奇妙な感覚に陥る。

ところが不思議なもので、札幌のマンションの鏡に映る自分の姿は、なぜか大きく見える。まるで昔の自分が映っているというか、これまでの騎手人生が鏡に映し出されたようで、「ここからもう一度、俺はやれるのかな」と気持ちが昂揚し、身震いするんだ。

でも、俺の騎手人生は最終コーナーを回って最後の直線に入った。あとは俺らしい形でゴールを駆け抜けようと思っている。

| 連対率 | 3着内率 | 収得賞金 | 表彰歴 | 年度 |
|---|---|---|---|---|
| 0.176 | 0.25 | 4億4862万円 | 91 JRA賞（最多勝利新人騎手）<br>関西放送記者クラブ賞（新人騎手賞） | 1991 |
| 0.218 | 0.297 | 9億3284万円 | フェアプレー賞 | 1992 |
| 0.215 | 0.269 | 11億5305万円 | フェアプレー賞 | 1993 |
| 0.213 | 0.289 | 13億1105万円 | フェアプレー賞 | 1994 |
| 0.204 | 0.302 | 12億9508万円 | フェアプレー賞 | 1995 |
| 0.238 | 0.344 | 17億9828万円 | 優秀騎手賞（賞金獲得部門） | 1996 |
| 0.232 | 0.351 | 16億2657万円 | フェアプレー賞 | 1997 |
| 0.212 | 0.305 | 13億8720万円 | フェアプレー賞 | 1998 |
| 0.246 | 0.338 | 18億5294万円 | 優秀騎手賞（勝率部門）<br>フェアプレー賞 | 1999 |
| 0.237 | 0.34 | 16億2124万円 | フェアプレー賞 | 2000 |
| 0.221 | 0.322 | 18億1073万円 | フェアプレー賞 | 2001 |
| 0.259 | 0.36 | 23億0975万円 | 優秀騎手賞（勝利度数部門・勝率部門・賞金獲得部門）<br>フェアプレー賞 | 2002 |
| 0.241 | 0.34 | 18億4290万円 | 優秀騎手賞（勝利度数部門）<br>フェアプレー賞 | 2003 |
| 0.245 | 0.348 | 20億4711万円 | 優秀騎手賞（勝利度数部門）<br>フェアプレー賞<br>特別模範騎手賞 | 2004 |
| 0.25 | 0.378 | 20億6294万円 | 優秀騎手賞（勝利度数部門・勝率部門・賞金獲得部門）<br>フェアプレー賞 | 2005 |
| 0.282 | 0.379 | 22億0435万円 | | 2006 |
| 0.287 | 0.379 | 17億6195万円 | 優秀騎手賞（勝率4位）<br>フェアプレー賞 | 2007 |
| 0.247 | 0.34 | 17億5077万円 | | 2008 |
| 0.264 | 0.355 | 21億4995万円 | 優秀騎手賞（勝利度数4位・勝率5位・賞金獲得5位） | 2009 |
| 0.253 | 0.372 | 17億8766万円 | 優秀騎手賞（勝率5位）<br>フェアプレー賞<br>特別模範騎手賞 | 2010 |
| 0.223 | 0.306 | 12億8698万円 | 優秀騎手賞（勝率5位）<br>フェアプレー賞 | 2011 |
| 0.161 | 0.302 | 8億0016万円 | フェアプレー賞 | 2012 |
| 0.169 | 0.228 | 2億0087万円 | | 2013 |
| 0.237 | 0.336 | 354億4299万円 | | 通算 |

（出所）日本中央競馬会ホームページなど／※は関西リーディング2位

1998年～2002年の4着、5着回数は着外に含まれます

**藤田伸二　23年の軌跡　（1991～2013年4月25日現在）**

| 年度 | 1着 | 2着 | 3着 | 4着 | 5着 | 着外 | 騎乗回数 | 勝率 |
|---|---|---|---|---|---|---|---|---|
| 1991 | 39 | 27 | 28 | 24 | 27 | 231 | 376 | 0.104 |
| 1992 | 49 | 47 | 35 | 36 | 36 | 238 | 441 | 0.111 |
| 1993 | 60 | 44 | 26 | 43 | 43 | 267 | 483 | 0.124 |
| 1994 | 60 | 44 | 37 | 37 | 30 | 280 | 488 | 0.123 |
| 1995 | 55 | 51 | 51 | 48 | 57 | 258 | 520 | 0.106 |
| 1996 | 77※ | 66 | 64 | 50 | 50 | 294 | 601 | 0.128 |
| 1997 | 83 | 52 | 69 | 36 | 50 | 291 | 581 | 0.143 |
| 1998 | 68 | 57 | 55 | — | — | 411 | 591 | 0.115 |
| 1999 | 88※ | 68 | 58 | — | — | 420 | 634 | 0.139 |
| 2000 | 78 | 81 | 69 | — | — | 443 | 671 | 0.116 |
| 2001 | 95※ | 81 | 81 | — | — | 541 | 798 | 0.119 |
| 2002 | 111※ | 89 | 78 | — | — | 495 | 773 | 0.144 |
| 2003 | 103 | 93 | 80 | 72 | 65 | 399 | 812 | 0.127 |
| 2004 | 121 | 76 | 83 | 63 | 69 | 393 | 805 | 0.15 |
| 2005 | 115※ | 88 | 104 | 55 | 69 | 382 | 813 | 0.141 |
| 2006 | 127※ | 127 | 88 | 69 | 57 | 434 | 902 | 0.141 |
| 2007 | 104 | 82 | 60 | 57 | 36 | 310 | 649 | 0.16 |
| 2008 | 94 | 92 | 70 | 55 | 58 | 384 | 753 | 0.125 |
| 2009 | 108 | 92 | 69 | 62 | 66 | 361 | 758 | 0.142 |
| 2010 | 92※ | 68 | 75 | 37 | 30 | 330 | 632 | 0.146 |
| 2011 | 59 | 35 | 35 | 31 | 25 | 237 | 422 | 0.14 |
| 2012 | 31 | 43 | 65 | 32 | 31 | 258 | 460 | 0.067 |
| 2013 | 13 | 10 | 8 | 5 | 10 | 90 | 136 | 0.096 |
| 通算 | 1830 | 1513 | 1388 | 1111 | 1058 | 7199 | 14099 | 0.130 |

N.D.C. 910　173p　18cm
ISBN978-4-06-288210-1

講談社現代新書　2210
騎手《きしゅ》の一分《いちぶん》――競馬界《けいばかい》の真実《しんじつ》
二〇一三年五月二〇日第一刷発行　二〇一三年七月一日第六刷発行

著者　藤田伸二《ふじたしんじ》


発行者　鈴木 哲
発行所　株式会社講談社
東京都文京区音羽二丁目一二―二一　郵便番号一一二―八〇〇一
電話　出版部　〇三―五三九五―三五二一
販売部　〇三―五三九五―五八一七
業務部　〇三―五三九五―三六一五
装幀者　中島英樹
印刷所　凸版印刷株式会社
製本所　株式会社大進堂
定価はカバーに表示してあります　Printed in Japan

## 「講談社現代新書」の刊行にあたって

教養は万人が身をもって養い創造すべきものであって、一部の専門家の占有物として、ただ一方的に人々の手もとに配布され伝達されうるものではありません。

しかし、不幸にしてわが国の現状では、教養の重要な養いとなるべき書物は、ほとんど講壇からの天下りや単なる解説に終始し、知識技術を真剣に希求する青少年・学生・一般民衆の根本的な疑問や興味は、けっして十分に答えられ、解きほぐされ、手引きされることがありません。万人の内奥から発した真正の教養への芽ばえが、こうして放置され、むなしく滅びさる運命にゆだねられているのです。

このことは、中・高校だけで教育をおわる人々の成長をはばんでいるだけでなく、大学に進んだり、インテリと目されたりする人々の精神力の健康さえもむしばみ、わが国の文化の実質をまことに脆弱なものにしています。単なる博識以上の根強い思索力・判断力、および確かな技術にささえられた教養を必要とする日本の将来にとって、これは真剣に憂慮されなければならない事態であるといわなければなりません。

わたしたちの「講談社現代新書」は、この事態の克服を意図して計画されたものです。これによってわたしたちは、講壇からの天下りでもなく、単なる解説書でもない、もっぱら万人の魂に生ずる初発的かつ根本的な問題をとらえ、掘り起こし、手引きし、しかも最新の知識への展望を万人に確立させる書物を、新しく世の中に送り出したいと念願しています。

わたしたちは、創業以来民衆を対象とする啓蒙の仕事に専心してきた講談社にとって、これこそもっともふさわしい課題であり、伝統ある出版社としての義務でもあると考えているのです。

一九六四年四月　野間省一